복음 중심 부모

인도자용

The Gospel-Centered Parent
by Rose Marie Miller, Deborah Harrell and Jack Klumpenhower

Copyright ⓒ 2015 by Rose Marie Miller, Deborah Harrell and Jack Klumpenhower
Originally published by New Growth Press, Greensboro, NC 27404, USA.
All rights reserved.

This Korean edition ⓒ 2024 by Word of Life Press, Seoul, Korea.
Translated and published in arrangement with New Growth Press through Riggins Rights Management.

복음 중심 부모(인도자용)

ⓒ 생명의말씀사 2024

2024년 11월 25일 1판 1쇄 발행

펴낸이 | 김창영
펴낸곳 | 생명의말씀사

등록 | 1962. 1. 10. No.300-1962-1
주소 | 서울시 종로구 경희궁1길 6 (03176)
전화 | 02)738-6555(본사) · 02)3159-7979(영업)
팩스 | 02)739-3824(본사) · 080-022-8585(영업)

기획편집 | 유영란
디자인 | 최종혜
인쇄 | 영진문원
제본 | 다온바인텍

ISBN 978-89-04-13234-8 (03230)

저작권자의 허락없이 이 책의 일부 또는 전체를
무단 복제, 전재, 발췌하면 저작권법에 의해 처벌을 받습니다.

복음 중심 부모

인도자용

로즈 마리 밀러, 데버라 해럴, 잭 클럼펜하우어 지음
서명수 옮김

생명의말씀사

추천의 글

"가정이 무너져 가는 이 시대에 부모만큼 힘든 부르심은 없어 보입니다. '당신은 복음적인 부모입니까?'라는 질문에 과연 몇 사람이나 긍정적인 대답을 할 수 있을까요? 누군가의 부모가 된다는 것은 육체적 유산과 함께 영적 기업을 물려주어야 하기에 더더욱 힘든 사명입니다. 성경에 기록된 믿음의 거목들도 부모라는 사명 앞에서는 고개를 떨구고 슬퍼했던 사람들이 많습니다. 이처럼 중하고 고된 사명의 길에 『복음 중심 부모』는 좋은 길잡이가 될 것입니다. 이 책은 '아는 복음'을 '사는 복음'으로 바꾸어 자녀들 앞에서 복음대로 살아가는 부모의 모습을 단계별로 소개하고 있습니다. 창조로부터 시작해서 대속의 구원에 이르기까지 성도의 긴 여정으로 자녀를 인도할 부모들에게 이 책은 좋은 동반자이며 복음적 삶의 교과서가 될 것입니다."

김성진, 열린교회 담임 목사

"『복음 중심 부모』는 자녀를 믿음으로 기르고 싶지만, 자신의 한계와 모순으로 인해 아파하고 난처해하는 이 땅의 기독 부모에게 위로를 주는 아름다운 훈계서입니다. 저자들의 정직한 사례와 복음적 해결책 그리고 독자를 향한 따뜻한 권면을 보면서 저 역시 반성하고 또 감격하게 되었습니다.

바른 기독 신앙을 가진 부모라면 누구나 자녀가 굳건한 신앙에 서서 하나님과 사람을 대하고 그 믿음으로 세상을 살아가기를 원할 것입니다. 그래서 그런 부모일수록 자녀에게 신앙적 권면 혹은 교육을 강조합니다. 하지만 안타깝게도 부모의 바람과 달리 자녀에게서 보이는 결과는 '아름답지 않을 수 있는데' 이 책은 그 이유 중 하나가 부모가 '복음 중심적'이지 않고 '자녀 중심적' 또는 '부모 중심적'이기 때문이라는 사실을 잘 보여 줍니다.

  10과로 이루어진 작은 책이지만, 자녀를 기르면서 지치고 침체된 부모에게 훈계만이 아니라 소망과 평강도 넉넉히 주는 이 책은, '복음과 은혜를 아는 부모와 자녀'가 얼마나 복된 사람인지 알려 줍니다. 자녀를 사랑하지만 동시에 자신과 자녀의 한계 앞에서 아파하며 또 길을 찾는 부모들에게 이 아름다운 책의 일독을 권합니다."

김영우, 혜림교회 담임 목사

"아브라함 카이퍼는 '인간의 삶의 모든 영역에서 만물의 주재이신 그리스도께서 **내 것**이라 주장하시지 않는 영역은 단 한 치도 없다.'고 말합니다. 이 말은 우리의 가정에도, 자녀 양육에도 동일하게 적용됩니다. 우리가 자녀를 기르는 모든 순간에도 동일하게 하나님의 통치가 드러나야 합니다. 부모가 하는 말과 행동, 자녀를 향한 기대와 훈계 등 모든 것이 하나님의 다스림을 따라 이루어져야 합니다. 그러나 모두가 그러한 가정을 꿈꾸고 이 원리를 따라 자녀를 양육하고 싶어 하지만, 방법을 모르는 경우가 많습니다. 『복음 중심 부모』는 우리의 가정을 면밀히 살펴보게 하고, 정말 하나님의 말씀대로 자녀를 기르는 것이 어떤 의미인지 깊이 숙고하게 합니다. 그뿐 아니라, 일상에서 복음 자체를 적용하도록 실제적인 도전을 주는 책입니다. 하나님이 주인 되시는 자녀 양육을 꿈꾸는 부모들, 특별히 복음의 은혜가 가정에 가득하길 바라는 모든 부모에게 추천합니다."

김요셉, 원천침례교회 담임 목사

"『복음 중심 부모』는 가정이 무너지고 육아가 전쟁이라 불리는 시대에 '어떻게 성경적 가정을 세울 수 있지?'라고 질문하며 좌충우돌하는 부모들에게 더없이 적절한 생수와 같습니다. 또 성경적 가정을 세우는 원리를 어떻게 실제적으로 부모들에게 제시할 수 있을지 고민하는 목회자들에게도 그렇습니다. 이 책은 부모됨과 자녀 양육의 영역에 복음을 어떻게 적용할 수 있는지, 복음 중심적 부모됨의 성경적 원리를 놀랍도록 실제적으로 제시하고 안내합니다. 신앙이 가정에서 부모를 통해서 형성된다는 점을 생각할 때, 『복음 중심 부모』는 우리 시대 모든 교회의 절실한 필요에 대한 작지만 적실한 응답입니다.

어린 자녀를 양육하는 부모들만이 아니라, 이미 장성한 자녀를 둔 부모들, 손자 손녀가 있는 조부모들에게도 이 책은 유용합니다. 그리스도인 부모가 되는 것이 무엇인지 제대로 배우지 못하고 부모가 된 모든 세대에게 이 책을 추천합니다. 삼삼오오 함께 이 책을 중심으로 모임을 형성하고 함께 복음 중심적 부모됨의 전통을 세우는 일을 시작해 보십시오. 복음 중심 부모들이 곳

곳에서 세워질 때, 건강한 가정만이 아니라 건강한 교회들이 도처에 세워질 것입니다."

김형익, 벧샬롬교회 담임 목사

"부모에게는 자녀를 주님의 제자로 양육할 사명이 있습니다. 그런데 이 사명의 근간에는 복음에 대한 이해가 있습니다. 부모가 복음에 뿌리내리지 않는다면, 우리는 자기도 모르게 율법으로 자녀를 양육하게 되거나, 자신의 연약함을 절감하고 불안과 두려움에 압도되거나, 이 책임과 역할을 다른 전문가에게 넘기기 쉽습니다. 우리의 가정은 날마다 자녀가 복음을 알고 경험하는 환경이 되어야 합니다. 그러기 위해서는 부모가 먼저 복음을 믿고 자유로워져야 합니다. 『복음 중심 부모』는 완벽한 부모, 완벽한 자녀라는 트로피를 치우고 그 자리에 십자가를 두게 합니다. 오직 은혜로 다음 세대를 양육하기 원하는 부모와 교회에게 기쁜 마음으로 이 교재를 추천합니다."

이인호, 더사랑의교회 담임 목사

"『복음 중심 부모』는 하나님의 복음의 빛 안에서 자녀 양육을 바라보도록 도와주는 교재입니다! 실용적이면서 신학적이고, 단순하면서도 깊이 있는 성경적 관점을 제시하여 많은 부모에게 도움이 될 것입니다."

티모시 폴 존스, 남침례신학대학원 기독교 가정사역 교수, 『가정사역 패러다임 시프트』 저자

"『복음 중심 부모』는 교회에 매우 귀중한 선물입니다. 10주간의 그룹 스터디를 통해 부모는 자녀와 자신에게 복음 전하는 방법을 배우며 필요한 소망과 용기를 얻게 됩니다. 각 과는 읽기 쉽고 일상생활에 적용할 수 있는 내용으로 구성되었는데, 마지막에 나오는 질문은 생각을 자극하고 좋은 토론을 이끌어냅니다. 제가 이 교재를 특별히 좋아하는 이유는 끝마쳤을 때 그리스도를 더욱 사랑하게 되기 때문입니다. 복음은 우리 삶의 모든 부분에 좋은 소식입니다."

제시카 톰슨, 『자녀 교육, 은혜를 만나다』 공동 저자

"『복음 중심 부모』는 제가 본 부모를 위한 소그룹 자료 중 최고입니다. 단순한 양육 강좌 이상으로, 최고의 부모 제자훈련입니다. 늘 올바른 양육 방법을 찾으려 애쓰는 부모들의 걱정과 불안이 하나님에 대한 믿음과 생명을 변화시키는 복음에 대한 새로운 신뢰로 변화될 것입니다."

마티 마쵸스키, 펜실베이니아 소재 커버넌트 펠로우십 교회 가정사역 목사,
『세상에서 배울 수 없는 하나님을 아는 지식』 저자

"40년 전 부모가 되기 전에 이 책을 보았다면 좋았을 것입니다. 하나님의 영광을 위해 자녀를 사랑하는 방법에 대해 복음의 의미를 새롭게 묵상하기 원한다면 여기서 시작하세요. 실용주의는 아니지만 실제적이며, 사려 깊으

면서도 진부하지 않고, 놀라울 정도로 솔직하며 소망으로 가득 차 있습니다. 가정에서 가장 먼저 회개하고 은혜에 목마른 사람은 누구인가요? 바로 부모가 아닐까요? 이 특별한 선물을 준 로즈 마리 밀러, 데버라 해럴, 잭 클럼펜하우어에게 큰 감사와 포옹, 그리고 찬사를 보냅니다."

스코티 워드 스미스, 작가, 내슈빌 소재 웨스트엔드 커뮤니티 교회 전임 교사

"부모가 되는 것은 멋진 일입니다. 하지만 부모가 되면 때때로 좌절감을 느끼고, 혼란스럽고, 두려운 것은 말할 필요도 없습니다. 어쩌면 그 '때때로' 가 더 자주일 수 있습니다. 우리는 이 공부를 사랑하게 될 것입니다. 올바른 양육 방법을 말한다면서 또 다른 죄책감을 유발하는 책이나 교재는 이제 필요 없습니다. 더 이상 좌절, 혼란, 두려움은 필요하지 않습니다. 우리에게 필요한 것은 예수님과 복음입니다. 로즈 마리, 데버라, 잭은 부모와 교회에게 큰 선물을 주었습니다. 이 교재를 사용하며 그 진리 안에서 기뻐하세요. 그리고 마음을 가볍게 하고 아이들과 아이스크림을 먹으러 가세요."

스티브 브라운, Key Life 라디오 진행자, 리폼드신학교 전 교수

"솔직히 말하자면, 제 양육 방식은 '더 나은 바리새인 만들기' 같은 느낌이 듭니다. 슬프게도 외적인 행동에만 목표를 두다 보니 결국 마음을 놓치게 됩니다. 『복음 중심 부모』는 이러한 근시안적 접근 방식에 꼭 필요한 해독제를

제공합니다. 이 교재는 자녀 앞에서 믿음과 회개의 삶의 모범이 되기를 갈망하는 부모를 위해 성경에 충실한 가르침을 제공합니다. 실용적이면서도 많은 생각을 자극하는 이 교재는 저의 양육에도 즉각적인 도움이 되었습니다."

마이클 R. 엠렛, CCEF 교수 겸 상담사, 목회학 석사, 의학 박사

"잭 밀러 목사님, 로즈 마리 밀러 사모님과 함께 공동체 생활을 할 수 있었던 것은 우리의 특권이었습니다. 그때 주님은 우리 모두가 복음에 젖어 들어 '완벽한 부모'라는 환상을 버리도록 가르치셨습니다. 우리는 두 분이 자신의 약점과 부족함을 나누고, 예수님만이 필요한 전부라는 믿음으로 담대하게 기도하며, 자신을 투명하게 드러내는 모습을 보면서, 겸손한 부모의 본이 무엇인지 가장 앞자리에서 배웠습니다. 험난하지만 아름다운 여정을 함께하며 그들의 약함 가운데 나타나신 하나님의 강함을 보았습니다. 우리는 이들에게 빚을 졌습니다. 이 공부를 통해 자녀를 통제하려는 욕망을 내려놓고, 용서와 은혜를 구하기 위해 하나님 아버지께 달려가는 열망이 자라나리라 믿습니다."

딕과 리즈 카우프만, 에스콘디도 소재 뉴라이프 장로교회 설립 목사,
캘리포니아 샌디에이고 소재 하버 교회 개척 네트워크, 뉴욕 리디머 장로교회 행정 목사

"이 얼마나 부모를 자유롭게 하는 교재인가요! 첫 문단만 읽어도 자유로워질 것입니다. 하지만 거기서 멈추지 마세요. 모든 장은 복음이 어떻게 우리 자신과 우리의 양육 방식을 변화시킬 수 있는지 진실한 통찰로 가득 차 있습니다."

찰스 모리스, 전국 라디오 방송 Haven Today의 전 진행자 겸 사장

차례

교재에 대해 14
복음 이야기 18

1과 가정을 세우실 하나님을 신뢰하기 26
  읽을거리 여호와께서 집을 세우지 아니하시면
  활동 나는 복음적인 부모인가?

2과 날마다 회개하는 부모 34
  읽을거리 가족 앞에서 복음으로 살기
  활동 우리 가정의 가족 규범은 무엇인가?

3과 '삶의 여정'에서 자녀를 가르치기 44
  읽을거리 '길 위에서' 예수님에 대해 말하기
  활동 작게 시작하고 크게 꿈꾸기

4과 좌절이 아닌 믿음으로 훈육하기 54
  읽을거리 '그렇지 않으면'이라는 계획이 실패할 때
  활동 사랑으로 훈육하는 일에 자라가기

5과 기도로 양육하기 64
  읽을거리 기도하는 부모 되기
  활동 가족을 위해 주기도문으로 기도하기

6과   자녀가 부모를 실망시킬 때   72
         읽을거리 하나님은 방황하는 자녀를 어떻게 양육하시는가?
         활동 길을 잃고 방황하는 자녀를 대하는 방법

7과   하나님 나라를 향한 모험   82
         읽을거리 가족과 함께 진정한 모험을 떠나기
         활동 모험 시작하기

8과   가족과 함께 고난을 헤쳐 나가기   94
         읽을거리 고난의 때에 예수님 바라보기
         활동 믿음은 고난을 어떻게 변화시키는가?

9과   영적 전쟁과 가족   104
         읽을거리 가족의 진정한 전투
         활동 하나님의 전신갑주 사용하기

10과   인내와 소망   114
         읽을거리 여호와여 어느 때까지니이까?
         활동 매일의 소망

결론 자녀에게 은혜의 복음을 가르쳐야 하는 15가지 이유   126
인도자 가이드   134

교재에 대해

『복음 중심 부모』는 다른 많은 부모 교육과는 다르다. 더 나은 부모가 되는 방법에 초점을 맞추는 대신, 하나님에 대한 믿음으로 살고 행동하는 부모가 되는 것에 관해 말한다. 믿음은 자녀를 양육하는 방식에 큰 변화를 가져온다. 믿음으로 사는 것은 어떤 기술을 익히는 것이 아니다. 우리 자신이 아닌 예수님을 신뢰하고, 부모로서 도움과 소망, 방향과 지혜를 모두 그분께 의뢰하는 것이다. 자녀 양육의 기술이 아닌 예수님을 신뢰할 때, 우리는 자녀를 키우면서 자연스럽게 느끼게 되는 압박감과 불안에서 벗어나 쉴 수 있다.

신앙 훈련은 다른 사람과 함께하는 것이 도움이 되기 때문에, 『복음 중심 부모』는 소그룹으로 공부하도록 만들어졌다. 이렇게 하면 다른 사람들의 통찰력과 경험을 배우고 서로 격려받을 수 있다. 소그룹은 성공한 사례만이 아니라 죄와 약점에 대해서도 허심탄회하게 나누고 토론할 수 있는 열린 장소이다. 저자인 우리도 자신의 가족 문제와 다른 사람의 이야기를 공유할 것이다(때로는 그들의 신원을 보호하기 위해 세부 사항을 변경했다).

그룹에서 흔히 겪을 수 있을 어려움을 예상하라. 어떤 사람은 쾌활하고, 어떤 사람은 지칠 것이며, 어떤 사람은 혼란스러워하고, 어떤 사람은 슬퍼할 것이다. 어떤 사람은 잘 나누지만 또 다른 사람은 나누기를 불편해할 수 있다. 하지만 함께 성경을 공부하며 기도하는 동안, 하나님의 영이 역사하여 사람들을 변화시키실 것을 기대하라. 그 일은 당신에게서부터 시작될 것이다! 그렇다, 『복음 중심 부모』는 단지 자녀의 변화에 관한 책이 아니다. 무엇보다 부모인 당신이 복음에 있어 자라가는 것에 관한 책이다.

각 과의 소그룹 모임은 1시간 정도 걸리며 다음 순서로 진행된다.

1. 성경 이야기

짧은 성경 본문을 묵상하며 이야기하는 것으로 시작한다. 이를 통해 소그룹이 그 과의 주제에 대해 생각하고 배우게 될 것이다.

2. 읽을거리

읽을거리는 그 과의 주요 가르침을 제시한다. 읽을거리 대부분에 성경의 가르침과 교재의 저자 중 한 사람의 개인적인 이야기, 혹은 성찰이 담겨 있다. 소그룹이 함께 소리 내어 읽으라. 이를 통해 모두가 같은 내용을 이해하고 함께 토론할 수 있다.

3. 토론

읽을거리에서 배운 내용에 관한 자신의 생각을 나누고, 자신의 양육에 어떻게 적용할지 나눈다.

4. 활동

활동은 확장된 토론 질문과 같다. 이 활동은 배운 내용이 자신의 가정에서 어떤 의미가 있는지 생각해 보는 데 도움을 줄 것이다.

5. 마무리 및 기도

모든 과는 기도로 마무리한다. 기도는 믿음을 실천하는 가장 중요한 방법이다. 더 나은 엄마나 아빠가 되겠다고 스스로 결심하는 것으로 끝마치기보다는, 사랑하는 아버지께 당신의 가족과 자녀 양육을 도와주시기를 구하며 마무리하라. 부모에게 기도보다 더 큰 자원은 없다.

교재의 맨 마지막에 실은 결론은 양육 가운데서 복음을 발견하고 적용할 때 도움을 줄 자료이다. (잭 클럼펜하우어의 책 『주일학교에서 오직 복음을 전하라』에서 발췌했다).『복음 중심 부모』는 복음, 곧 예수 그리스도의 좋은 소식에 관한 책이다. 소그룹에 참여하기 위해 반드시 신앙이 깊어야 하는 건 아니지만, 복음에 관한 기본적인 이해가 있다면 도움이 될 것이다. '복음 중심'이란 말이 무엇을 의미하는지 잘 안다고 생각하더라도, 다음에 나오는 복음 이야기를 읽어 보면 도움이 될 것이다.

복음 이야기

1. 창조: 하나님과 인간

복음은 놀랍도록 진실한 이야기이다. 성경은 이 이야기가 하나님으로부터 시작되었다고 말한다. 하나님은 성부, 성자, 성령의 세 위격으로 존재하는 유일한 만유의 주님이시다. 하나님은 전능하며, 영광스럽고, 선하며, 사랑이 많으시다. 그분은 자신의 영광을 보이고 나누기 위해 우주와 그 안에 있는 모든 것을 창조하셨다.

하나님은 특별히 남자와 여자를 "자기 형상"대로 창조하셨다(창 1:27). 우리는 그분이 사랑하시는 것처럼 사랑하고, 거룩함과 지혜와 진실함으로 행하며, 창조주를 신뢰하고 예배하고 즐거워하면서 그분의 세상을 돌보도록 지음을 받았다. 이것이 우리에게 의미와 존귀함을 가져다준다.

2. 죄: 반역과 부패함

하지만 인류는 하나님과 그분의 선하심을 거부했다. 이는 최초의 가정인 아담과 하와에게서 시작되었다. 그들은 자신의 삶을 어떻게 살아야 할지 하나님보다 자신이 더 잘 안다고 결정했다. 하나님을 사랑하고 순종하며 신뢰하기를 거부했을 때, 하나님과 사람들의 관계는 깨졌다. 세상은 반역과 부패함에 빠졌다. 성경은 이것을 '죄'라고 부르며, 그런 면에서 우리 모두는 죄인이다(롬 3:23). 자신이 다른 누군가에 비해 꽤 괜찮은 사람이라고 생각하더라도, 여전히 하나님과 다른 이들을 사랑하기보다는 자연스럽게 자기 자신을 가장 첫 자리에 두는 경향이 우리에게 있다. 스스로 이것을 잘 깨닫지 못하더라도, 우리 모두는 자녀에게서 그것을 볼 수 있다. 우리는 하나님의 세상에서 선한 목적을 잃어버렸는데, 이것은 우리의 수치이다.

  죄는 지금 우리가 하는 일뿐만 아니라 우리의 일부가 되었다. 하나님으로부터 돌아서면서, 이기심과 사랑의 결핍이 우리 마음에 뿌리 깊이 박혔다. 또한 만족하지 못한 채, 영혼의 참된 연인으로부터 더욱 멀어지게 하는 하찮은 대체물에서 의미와 명예를 찾으려 한다. 결국 우리는 평판, 안락함, 성취, 나아가 자녀를 우리 삶의 중심에 두게 된다. 성경은 이것을 우상 숭배라고 부르는데, 우상 숭배의 결과는 슬프게도 행복이나 성취감이 아니다. 오히려 자신을 행복하고 충만하게 해주리라고 생각했던 바로 그것의 노예가 되고 만다.

죄는 또한 우리가 하나님 앞에서 유죄임을 의미한다. 하나님은 우리와 세상 가운데 "죄의 삯은 사망"이라는 엄중하고 확고한 법칙을 세우셨다(롬 6:23) 우리는 모두 죄인이다(우리는 온 마음과 혼과 생각을 다해 하나님과 사람들을 사랑하지 않는다). 그래서 우리는 모두 영원히 하나님에게서 분리되어 사망 선고를 받아 마땅하다. 하지만 그 구절의 후반부는 모든 것을 뒤집어 버린다. "하나님의 은사는 그리스도 예수 우리 주 안에 있는 영생이니라." 바로 여기에서 복음이라는 좋은 소식이 시작된다.

3. 예수님: 대속하시는 사랑

이 땅에 최초의 죄가 발생한 때부터 하나님은 은혜를 보이셨다. 그분은 자신을 믿는 자들을 버리지 않으시고, 죄를 물리치고 그들을 사망에서 구원할 구주를 보내겠다고 약속하셨다. 그 구주는 바로 그리스도(하나님의 기름 부음 받은 자, 세움 받은 자라는 뜻)라고 불리는 하나님의 아들, 예수님이시다. 하나님 아버지는 사랑으로 아들을 보내 인간으로 태어나게 하셨다. (우리 중 하나로!) 그래서 예수님은 하나님이면서 동시에 완전한 인간이시다. 하지만 한 가지 놀라운 차이점이 있다. 그분은 결코 죄를 짓지 않으셨다. 전 생애 가운데 그분은 하나님과 사람들을 완전하게 사랑하셨고, 하나님께 완전히 순종하셨다. 그분은 인류 역사상 형벌과 죽음을 받지 않아도 될 유일한 사람이셨다.

예수님이 하신 위대한 일들이 많지만, 가장 중요한 것은 이것이다. **예수님은 우리가 받아야 할 죄에 대한 형벌을 우리 대신 받으셨고, 그 대신 그분의 모든 의로움을 우리의 공로로 여겨 주셨다.** 그분은 자신의 죄를 위해 죽을 필요가 없기에(그분에게는 죄가 없었다!) 우리의 대속물로 십자가에서 고난을 받고 죽으실 수 있었다. 또한 거룩하고 영원하신 하나님으로서, 무한한 가치를 지닌 희생 제물이 되어 그분을 믿는 모든 이를 온전히 구원하실 수 있었다(히 7:25). 이보다 더 하나님의 영광과 사랑을 잘 보여 주는 것은 없다.

4. 승리: 회복된 세상

예수님의 부활은, 하나님이 자기 백성을 위해 예수님의 희생을 받으셨으며 죄와 사망, 모든 악에 대한 승리를 주신 것을 증명한다. 예수님은 아버지와 함께 다스리기 위해 하늘로 오르셨고, 이제 그의 나라는 확장되고 있다. 구원받은 백성인 우리는 이 일에 동참할 자유를 얻었다! 우리는 예수님에 관한 좋은 소식을 전하며 그분의 긍휼을 어디에서나 보일 수 있다. 지금 여기서부터 시작하여, 그분의 이름으로, 그분의 도우심으로 세상에 치유를 가져올 수 있다.

언젠가 예수님은 다시 오셔서 모든 것을 새롭게 하실 것이다(계 21:5). 그분은 죄를 심판하고 악을 쫓아내실 것이다. 억압을 끝내실 것이다. 부패와 사망을 멈추실 것이다. 복음은 단지 우리 자신만의 구원을 위한 것이 아니다. **복음은 예수님이 그분의 모든 창조물을 영광으로 회복시키는 일에 관한 것이다.** 그분은 세상의 모든 잘못을 바로잡고, 자기 백성을 죽음에서 살려 그분과 함께 영광에 이르게 하실 것이다. 이로써 우리를 죄에서 구원하고 하나님과의 완전한 관계로 회복시키실 것이다.

5. 믿음: 예수님을 의지함

어떻게 하면 예수님의 백성이 되어 이 모두를 함께 누릴 수 있을까? 그 일은 믿음으로 일어난다. 우리는 예수님이 하나님의 아들이며 우리의 구주이시라는 진리를 받아들이고, 우리가 추구했던 무가치하고 이기적인 모든 것에서 돌이켜(성경은 이를 '회개'라고 부른다) 대신 그분을 추구한다. 또한 자신을 신뢰하기를 멈추고 예수님을 신뢰하기 시작한다(성경은 이를 '믿음'이라고 부른다). 선행으로 하나님의 인정을 얻으려고 노력하는 종교적인 이들에게 믿음은 자신이 예수님과 함께할 자리를 얻기에 충분히 선하다는 생각을 포기하라고 말한다.

그렇다. 많은 사람의 생각과 달리 선하다고 해서 죄와 사망에서 구원받는 것은 아니다. 우리는 예수님에 대한 믿음으로 구원받는다. 그분만이 완벽하고 선하신 유일한 분이다.

죄로 망가진 우리의 마음을 열어 이 복음을 믿게 하며 믿음을 주는 분은 성령님이시다. 그러므로 구원받는 것에 관한 모든 것은 우리가 아닌 하나님으로부터 온다(엡 2:8-9). 믿음으로 예수님과 연합될 때 하나님이 주시는 복은 참으로 놀랍다. 이 복은 우리의 삶을 근본적으로 변화시키는데, 거기에는 자녀 양육도 포함된다. 자녀 양육과 관련해 네 가지 중요한 복을 살펴보자.

1) 우리는 '정죄받지 않고' 완전히 의롭다고 선언된다.

우리는 죄에 대한 형벌을 받아 마땅하지만, 예수님이 이미 그 모든 형벌을 받으셨다. "그가 친히 나무에 달려 그의 몸으로 우리 죄를 담당하셨으니"(벧전 2:24). 우리의 정죄와 수치도 그분께 떨어졌다. 그 대신 그분의 의로운 삶에 대한 공로를 우리가 받는다. 이것이 "예수 그리스도를 믿음으로 말미암아 모든 믿는 자에게 미치는 하나님의 의"이다(롬 3:22). 그래서 심판자이신 하나님의 눈에 우리는 영원히 무죄하고 의롭다. 우리가 무죄한 분께 속해 있기 때문이다.

무죄하다고 선언받은 우리에게 복음 중심의 자녀 양육은 다음을 의미한다.

- 우리는 훌륭한 양육과 올바른 자녀를 통해 우리 자신을 증명해야 한다는 부담감에서 벗어난다. 우리의 가치는 자녀가 아니라 예수님에게서 오기 때문이다. 그 안에서 우리는 순전하게 자녀를 사랑할 자유를 누린다.
- 우리는 겸손하게 자기 죄를 공개적으로 인정하고, 자녀와 마찬가지로 자신 또한 큰 죄인이라는 사실을 깊이 인식하며, 오직 예수님 때문에 의롭다는 사실을 안다.

2) 우리는 하나님의 자녀가 된다.

"그러므로 네가 이후로는 종이 아니요 아들이니 아들이면 하나님으로 말미암아 유업을 받을 자니라"(갈 4:7). 하나님께 입양된 우리는 자녀에게 주어지는 모든 특권을 소유한다. 우리 아버지는 우리를 사랑하신다. 그분은 우리를 돌보신다. 우리의 기도에 귀를 기울이신다. 우리를 훈련하고 징계하신다. 그분은 자신이 가진 모든 것을 우리와 나누시며, 우리가 영원히 그분의 소유가 되기를 원하신다.

하나님의 자녀가 된 우리에게 복음 중심적인 자녀 양육은 다음을 의미한다.

- 우리는 가족의 평판이나 이미지를 쌓는 데 집착하지 않고, 대신 하나님 가족의 일원이 되는 기쁨을 찾는다.
- 우리는 의존적이고 어린아이와 같은 부모가 되어, 하늘에 계신 아버지를 신뢰하며 가족의 모든 필요를 위해 자주 기도한다.

3) 우리는 사랑하는 사람이 된다.

하나님은 우리를 비참하고 죄악된 상태로 내버려 두지 않고, 변화시키신다. 성령님은 우리가 예수님을 닮아 마음으로부터 하나님과 다른 이들을 사랑할 힘을 주고 훈련하신다. 그러나 이는 이 땅의 삶에서 자기중심성과 죄악된 욕망을 극복하는 승리의 맛보기일 뿐이다. 때로는 우리의 진보가 좌절스러울 정도로 더디지만, 싸움은 계속되고 있다! 우리는 "영광에서 영광"으로 변화되고 있다(고후 3:18).

예수님을 닮아가는 우리에게 복음 중심적인 양육은 다음을 의미한다.

- 우리는 자녀가 계속 불순종할 때에도 자신감을 갖고 인내한다. 계속해서 아이에게 하나님의 길을 가르치고 겸손하게 그분의 사랑을 보여 준다.

- 우리는 자신의 지혜나 잔소리 대신 성령의 도구들(기도, 하나님의 말씀, 복음의 메시지)을 자녀에게 사용한다.

4) 우리는 영생을 받는다.

예수님의 부활은 우리에게도 새 생명이 있음을 보장한다. 이 세상에서의 삶에는 고난과 죽음이 포함되지만, 우리에게는 부활의 약속과 우리를 위해 하늘에 예비된 장래의 유산이 있다. 우리는 그리스도께서 회복하신 모든 것에 동참할 것이다. 그중에서도 가장 좋은 것은 "우리가 항상 주와 함께 있으리라"는 약속의 말씀이다(살전 4:17).

영원한 생명을 가진 우리에게 복음 중심적인 양육은 다음을 의미한다.

- 우리는 자녀의 성공이나 세속적인 행복을 위해 살지 않으며, 우리 자녀도 그것을 위해 살지 않도록 가르친다. 우리의 소망은 예수님께 있다.
- 우리는 고난이나 가족에 대한 실망으로 무너지지 않는다. 이것들이 영원하지 않음을 알기 때문이다.

이것이 바로 복음 이야기이다. 복음은 모두 예수님에 관한 것이지만, 보다시피 그분을 믿는 우리 또한 그분의 이야기의 일부가 된다. 믿음과 회개는 현재 진행형이며, 이는 복음 중심적인 부모의 삶에 변함없는 핵심이다. 도전적일 수 있지만 또한 흥미진진한 것이기도 하다. 복음은 모든 것을 변화시키는 삶의 방식이다. 예수님이 모든 것을 변화시키시기 때문이다.

1과　가정을 세우실 하나님을 **신뢰하기**

큰 그림 그리기　복음 중심적인 부모의 핵심은 하나님에 대한 믿음이다. 우리가 행하는 모든 일은 이 믿음에서 비롯된다. 우리는 자녀 양육을 제대로 수행해야 할 과제로 여기기 쉽다. 자녀의 성품, 능력, 외모, 성공적인 학업, 예수님을 신실하게 믿는 신앙마저도 부모 자신의 성취에 대한 평가로 보기가 너무 쉽다. 그러나 진실은 하나님이 집을 세우신다는 것이다. 부모로서 우리가 하는 어떤 일도 우리가 겸손해지는 것보다 더 중요하지 않다. 즉 우리 자신이 아닌 당신의 가족에 복 주시는 주님께 우리의 신뢰를 돌리는 것이다. 그럴 때 하나님의 도우심으로 염려, 두려움, 분노, 통제, 비난 등 모든 부모를 잠 못 이루게 하는 죄에 대해 저항할 수 있다.

성경 이야기

- 시편 127편

읽을거리

여호와께서 집을 세우지 아니하시면

　오래전 일이지만, 시편 127편을 처음 들었을 때의 기억이 생생하다. 당시 우리 가족은 남편의 신학교 진학을 위해 필라델피아로 막 이사를 한 참이었다. 어느 주일 나는 필라델피아의 한 교회 예배당 뒷줄에 앉아 간식, 책, 크레파스로 어린 세 자녀들을 조용히 시키려고 노력하면서, 설교를 듣기 위해 애쓰고 있었다. 평소에는 설교에 집중하느라 애를 먹었지만 그날은 한마디도 빠트리지 않고 모든 말씀을 들었다.

　목사님은 "여호와께서 집을 세우지 아니하시면 집을 짓는 자의 수고가 헛되며"(시 127:1)라는 말씀을 읽었다. 그리고 하나님은 예수님을 사랑하는 가족을 통해 당신의 나라를 세우신다고 말했다. 부모는 이 위대한 일에 참여하도록 하나님의 부르심을 받은 자라고 말이다. 아이들은 내 위로 기어오르고, 나는 그 자리에 앉은 채로 마치 하나님께로부터 개인적인 사명을 받은 것만 같았다. 우리 가족이 하나님 나라의 일부가 되다니! 어린 자녀들을 돌보는 데서 오는 모든 피로에도 불구하고 나는 삶의 선명한 목적을 받은 것처럼 느껴졌다.

머지않아 우리 부부는 다섯 명의 자녀를 갖게 되었고, 그 아이들을 경건하고 예의 바른 그리스도인으로 키우기 위해 열심히 노력했다. 우리는 아이들에게 성경 이야기를 가르치고 성경 구절과 교리문답을 암송하며 찬송가를 부르게 했고(음정은 완전히 틀렸지만), 또한 기독교 학교에 보냈다. 그러나 어찌 된 일인지, 이 모든 선한 일들 속에서 우리는 누가 집을 세우는지에 대한 시선을 잃어버렸다. 하나님의 일에 참여하는 것이 아니라 그 모든 것이 우리의 일이 되어 버렸다. 또한 우리는 복음, 곧 예수님이 죄인을 위해 죽기 위해 오셨다는 기쁜 소식을 놓쳐 버렸다.

창세기부터 요한계시록에 걸쳐 하나님이 자기 백성을 죄와 죽음에서 구원하시고, 죄인들을 영원한 예배자로 변화시키시는 기쁜 소식을 읽으면서 어떻게 그럴 수 있었을까? 그러나 어찌 된 영문인지 우리는 자녀들이 예의를 배우고, 공공장소에서 바르게 행동하며, 학교에서 모범이 되고, 부모에게 순종하는 아이가 되도록 양육하는 데 신경 쓰느라, 우리 자신이 죄로 인해 완전히 깨어졌고, 날마다 하나님의 용서와 도우심을 얻기 위해 구주 예수님께 나아가야 한다는 위대한 메시지를 잊어버렸다. 자녀들 앞에서 믿음으로 사는 것을 잊어버린 것이다.

믿음이란 무엇인가? 간단히 말해, 다른 이가 행한 일을 신뢰하는 것이다. 시편 127편은 가정을 세우시는 하나님을 신뢰하라고 말한다. 우리는 그 말씀을 믿기는 했지만 충분한 데까지 나아가지 않았다. 하나님의 행하심에 대한 신뢰를 죄로 인해 깨어진 우리 삶에도 적용해야 한다는 사실을 깨닫지 못했다. 부모인 우리가 용서를 받기 위해 날마다 믿음으로 그리스도께 돌이켜야 하며, 그들도 그렇게 할 수 있다는 사실을 자녀들과 나누지 않았다. 우리는 더 이상 스스로 자신을 구원하거나 죽음을 이길 필요가 없다는 기쁜 소식을 나누는 일을 잊어버렸다. 이 모두는 예수님이 십자가에서 이루신 일로 이미 우리에게 주어졌다. 우리의 역할은 단지 믿음으로 이것을 받아들이는 것뿐이다.

시편 127편은 믿음으로 살지 않을 때 어떤 일이 일어나는지 말해 준다. 우리는 '불안 가운데 수고로운 떡'을 먹지만 그 모든 일이 '허사'로 드러난다(2절). 아이들이 어려움을 겪을 때 부모의 반응은 제각각이지만 일반적인 양상은 동일하다. 불안해하고, 두려워하며, 분노하고, 통제하며 절망에 빠져 포기한다. 종종 자녀들이 겪는 어려움은 압도적인 두려움으로 다가온다.

모든 것이 우리에게 달려 있다고 생각하면 두려운 것이 너무나도 많다. 나는 이러한 두려움을 느끼는 전 세계 부모들과 이야기를 나누며 그들의 두려움을 공유하고 있다. 우리의 자녀들은 장차 어떻게 될까? 누가 그들을 안전하게 지켜 줄까? 자녀들이 자신의 인생을 망치는 나쁜 선택을 하지는 않을까? 나는 부모들의 이런 두려움을 이해한다. 우리는 부모로서의 부족함, 문화의 영향, 자녀들이 겪는 어려움 등을 보며 어떻게든 그들을 구하기 위한 계획을 세워야 한다고 생각한다.

정확하게 우리 가족이 그랬다. 우리는 아이들이 겉으로는 순종하도록 애를 썼지만, 그들 마음속에서 무슨 일이 일어나고 있는지 이야기 나눌 생각을 전혀 하지 못했다. 의도하지는 않았지만 우리는 아이들에게 행위 중심의 종교를 가르치고 있었다. 이것은 우리가 믿는 신학이 아니었음에도 (사실 더 잘 알고 있었지만) 매일 이와 같이 행했던 것이다. 한동안은 그것이 효과가 있어 보였다. 아이들은 예의 바르게 행동했고, 성경을 잘 알았으며, 꽤나 훌륭한 대표 기도까지 할 수 있었다. 하지만 변하지 않은 마음은 결국 드러났다.

가족을 하나님의 집으로 세우려는 모든 노력이 나의 계획대로 되지 않고 있음을 처음으로 알아차린 날은 딸 바바라가 열여덟 살이 되던 해, 분노하며 집과 신앙을 떠났을 때였다. 나는 하나님이 어떻게 이런 일이 일어나도록 허락하셨는지 두려움과 의문으로 가득 찼다.

당시에는 깨닫지 못했지만 사실 바바라와 나는 참 많이 닮았다. 딸의 믿음 없음은 나의 믿음 없음을 드러냈다. 나는 실패의 무게를 느꼈다. 내 모든 노력이 '헛된 것'으로 여겨졌다. 딸의 삶 가운데 행한 내 모든 노력이 기대와 달리 좋지 않은 결과를 가져온 것에 대해 하나님과 다른 사람들을 비난했다. 그러나 나의 분노와 두려움에도 불구하고 하나님은 여전히 일하고 계셨다. 실패를 가장 뼈저리게 느꼈던 바로 그 지점에서 하나님은 그분의 방식으로 당신의 일을 행하셨다.

물론 그분은 우리 딸이 아니라 남편과 나로부터 시작하셨다. 하나님이 우리 가운데 가장 먼저 행하신 일은 우리를 완전히 무너뜨리는 것이었다. 우리는 우리의 계획, 능력, 은사, 교육, 열정이 믿음을 세우는 요소가 아님을 깨달아야만 했다. 교만함과 오만함, 자만심이 내 마음 깊이 뿌리박혀 있었고, 그것은 오직 십자가로 나아가야만 다룰 수 있었다. 복음의 내용은 알았지만 그 중심에 계신 인격이신 그분을 알지 못했다. 예수님은 선한 사람, 착한 아이들이 아닌 가난하고 궁핍한 사람, 구주를 필요로 하는 사람과 함께 당신의 나라를 세우신다.

우리가 연약할 때, 부모인 우리와 자녀의 유일한 소망은 오직 예수님의 공로이다. 이를 깨닫게 되었을 때 하나님은 다시 우리 가운데서 믿음을 세우는 일을 하셨다. 시편 127편은 자녀들이 하나님이 주신 선물이며, 하나님의 나라를 위해 쓰일 것이라는 약속으로 끝맺는다(3-5절). 몇 해 전, 나는 그 말씀을 언뜻 알았다. 그러나 이제 나의 일은 그 진리의 말씀을 믿음으로 사는 법을 매 순간 배우는 것이다. 그렇게 나는 만물을 지으신 예수님이 나의 가족을 주님의 나라로 세우실 것을 신뢰하는 법을 배웠다.

주님은 지금도 나와 나의 자녀들, 손자들과 증손자에 이르기까지 우리를 위해 여전히 일하고 계신다. 하나님은 우리 모두를 사용하신다. 그러나 우리의 강함이 아닌 그분의 강함을 의지할 때 그렇게 하신다. 이 공부를 함께하며, 우리가 만물의 창조자이신 예수님을 전적으로 신뢰하는 법을 배우기를, 자녀를 돌보는 힘든 일을 감당하는 가운데 날마다 그분을 의지하기를, 예수님이 우리를 위해 모든 대가를 치르셨다는 기쁜 소식을 자녀들과 나누게 되기를 기도한다.

활동

나는 복음적인 부모인가?

자기 자신 또는 자녀에게 초점을 맞추는 부모와 복음에 초점을 맞추는 부모의 차이를 생각해 보라. 복음 중심적인 부모는 먼저 하나님께 집중한다. 부모인 자신 역시 자녀임을 안다. 그들에게는 자신을 사랑하고 가족을 세우시는 하늘 아버지가 계시다.

다음 표는 이러한 차이가 빚어내는 부모의 다양한 삶의 방식을 보여 준다. 설명을 읽고 복음 중심적인 부모가 되기 위해, 특별히 성장하기 원하는 한두 가지 영역을 선택해 보라. 소그룹 구성원과 함께 나누라. (자신에게 완벽하게 맞지 않더라도 어느 정도 맞는다고 여겨지는 항목을 나누라.) 성장해야 할 필요가 있는 영역에 대해 자신의 양육 경험을 예로 들어 보라.

자기/자녀 중심적인 부모	복음 중심적인 부모
염려 가운데 살아감 자녀의 믿음, 안전, 교육, 미래, 그 밖의 다른 문제에 관해.	**믿음으로 살아감** 하나님이 장래를 주관하신다는 사실을 믿음. 하나님께 더욱 충실하려 노력하면서도 그 결과가 어디로 이어질지는 덜 걱정함.
올바른 양육에 대한 압박을 받음 배우자, 가족, 다른 부모 혹은 하나님께 인정을 받으려 함. 다른 가정과 자신의 가정을 자주 비교함.	**하나님의 은혜를 누린다는 사실을 앎** 나를 위해 죽으신 예수님을 통해 이미 하나님의 은혜를 누리고 있기에, 자녀에게 어떠한 인상을 주려는 압박감이 아닌 사랑으로 양육할 자유를 가짐.
분노함 자녀의 행동이 기준에 미치지 못하거나 기대한 성취를 이루지 못했을 때 자녀와 배우자 또는 다른 이들을 비난함.	**겸손함** 부모 자신도 하나님의 도우심과 용서가 얼마나 필요한지 알기에 겸손하게 되며, 인내로 자녀를 가르치고 격려하며 훈계할 수 있음.
기도하지 않음 스스로 문제를 바로잡는 일에 집중하기를 선호함.	**지속적으로 기도함** 가족의 크고 작은 문제에 관해 아버지를 신뢰함으로 도움을 청함.

자기/자녀 중심적인 부모	복음 중심적인 부모
죄를 인정하지 않음 자녀에게 권위적이고 강한 목소리로 말하기를 선호함.	**자신의 죄를 인정함** 부모 자신이 구주의 필요성을 인정함으로써 자녀들에게 효과적으로 예수님을 가리킬 수 있음.
자녀를 통제함 자녀에게 고압적이거나 조종하는 태도를 보임. 모든 것이 올바르게 되어야 한다고 느낌.	**하나님이 주관하심을 신뢰함** 하나님이 더 지혜로운 아버지이심을 믿음. 자녀를 그분께로 인도하는 데 주된 관심을 가짐. 자녀의 결점과 실패조차도 선으로 사용하실 아버지에 대한 확신을 가짐. 그래서 가족이 당면한 가장 어려운 문제에 대해서도 기도하는 마음으로 나아감.
자녀를 회피함 어려움이나 영적인 문제가 발생했을 때 실패하거나 불완전한 부모로 드러날 것을 두려워하며 물러남.	**복종, 위로, 용서를 배움** 자신을 용서하신 하나님 아버지로 인해.
하나님과 다른 이들을 원망함 일이 뜻대로 되지 않거나 자녀가 자신을 실망시킬 때, 혹은 다른 모든 것을 제쳐 두고 자녀의 학업, 운동 또는 다른 꿈들을 추구했다가 좌절되었을 때 큰 상처를 받음.	**하나님이 자녀들을 사랑하신다는 사실을 믿고 가르침** 실망과 고난 속에서도 그들을 위해 모든 것을 선하게 역사하시는 하나님을 믿음.
자녀의 행복 성취를 이루고 충실한 모습을 보일 때에만 만족함.	**하나님 안에서 만족을 찾음** 성공적인 가족을 숭배하지 않고 자녀들을 양육함.
자신에게서 발견되는 모습을 추가해 보십시오.	자신에게서 발견되는 모습을 추가해 보십시오.

2과 날마다 **회개하는** 부모

큰 그림 그리기 회개는 죄에 대한 슬픔으로 죄에서 돌이키는 것이다. 이를 통해 믿음으로 하나님께 나아가고 그분과 동행하는 삶으로 나아간다. 회개는 성령님의 역사로 우리가 매일 실천하는 내적인 깨어짐과 변화이다. 많은 부모가 자녀에게 회개가 얼마나 중요한지 정확하게 말할 수는 있지만, 정작 부모 자신에게 지속적인 회개가 필요하다는 사실에는 충분한 주의를 기울이지 않는다. 심지어 우리가 죄와 싸울 때조차 우리가 실제로 얼마나 큰 죄인인지 자녀들이 알지 못하도록, 죄와 씨름하는 우리의 가장 깊은 고충을 숨기는 경향이 있다. 슬프게도 이는 자녀들이 회개하기를 돕는, 가장 필요한 모범을 빼앗는 것이다.

성경 이야기
- 시편 51편

> 읽을거리

가족 앞에서 복음으로 살기

딸 바바라가 주일학교 6학년 반에 참석했을 때 선생님은 "얘들아, 너희는 기독교가 그저 해야 할 일과 하지 말아야 할 일의 목록이라고 생각하지?"라고 말했다. 나중에 바바라는 우리에게 그 이야기를 들려주며 "기독교가 착하게 되는 것이 아니라면, 도대체 무엇에 관한 것일까?"라고 생각했다고 말했다. 안타깝게도 딸은 올바른 행동이 아닌 죄 용서가 복음의 핵심 메시지라는 사실을 전혀 알지 못했다. 우리를 포함해 그리스도인 어른들 중 누구도 그 사실을 이해하도록 돕지 않았다.

부활하신 예수님은 제자들이 온 열방에 전할 소식으로 "죄 사함을 받게 하는 회개"(눅 24:47)를 선포하셨다. 그러나 많은 그리스도인 부모가 자녀들과 이 메시지를 나누지 않는다. 우리 대부분은 하나님이 자녀를 마땅히 행할 길로 훈련하도록 부모를 부르셨다는 것을 알고 있다(잠 22:6). 우리는 흔히 이 구절을, 성경과 도덕적 선함 그리고 올바른 행동을 할 수 있는 길을 자녀에게 가르쳐야 한다는 의미로 받아들인다. 실제로 그것을 의미한다! 그러나 이 길은 훨씬 더 많은 것을 가리킨다.

그 '길'은 우리를 위해 예수님이 십자가에서 값 주고 사신 죄 사함의 기쁜 소식이다. 그 '길'은 매일의 회개와 믿음이라는 완전히 새로운 삶이다. 자녀들이 이 길로 가기를 원한다면, 우리는 자녀들에게 복음을 나눌 뿐 아니라 그들 앞에서 복음으로 살아내기를 시작해야 한다. 우리가 자녀들에게 복음을 전하는 것이 전부라면 자녀들은 성경을 단지 규칙의 나열이라 생각하며 쉽게 복음을 놓칠 것이다.

나는 예의 바른 태도와 권위에 대한 존중, 매 주일에 교회에 가는 것이 가족의 생활 규범인 독일 가정에서 자랐다. 남편인 잭은 가족이 많은 가치를 함께 공유하는 오리건주 개척자 가정에서 자랐다. 우리는 그리스도인이 되었음에도 불구하고, 근면성실하고 이웃을 선대하면 하나님이 복을 주실 거라는 생각을 자녀들에게 본보기로 가르쳤다. 그것이 밀러 가족의 복음이었다! 그러나 이는 예수 그리스도의 복음이 아니었다. 이 모두는 선한 자질이지만, 그것을 가장 주된 초점으로 삼은 바람에 우리에게는 마음을 살피시는 하나님을 의지하며 더 깊은 차원의 회개로 나아갈 여지가 없었다.

우리는 부모인 자신에게 날마다 구주가 필요하다는 사실을 자녀들과 나누지 않았다. 그래서 아이들도 자신에게 매일 예수님이 필요하다는 사실을 알지 못했다. 나중에 잭은 "만약 다시 돌아갈 수만 있다면, 예수님이 나의 연약함을 어떻게 도와주셨는지 아이들에게 더 많이 드러냈을 것 같아."라고 말했다. 하지만 슬프게도 그 당시 잭과 나는 그리스도인이 된다는 것을 자신의 연약함과 죄를 다른 이에게 (자녀들을 포함해) 숨기는 것으로 생각했다. 결과는 어땠을 것 같은가? 우리 딸 바바라는 그리스도인이 되려면 좋은 사람이 되어야 하지만, 자신은 그렇지 않기 때문에 기독교에 어울리지 않는 사람이라고 생각하게 되었다.

우리는 모두 여러 방면에서 넘어진다는 사실을 잊어버리곤 한다. 자녀만이 아니라 부모도 매일 하나님께 "내 속에 정한 마음을 창조하시고"(시 51:10)라고 구해야 한다. 잭이 먼저 자신 역시 매일 회개하고 하나님의 도우심과 용서를 구해야 하는 크나큰 죄인이라는 사실을 깨달았다. 그런 후에야 남편은 바바라에게 가서 딸이 자신에게 왜 그렇게 화가 났는지 물어볼 수 있었다. 딸은 아빠가 한 번도 잘못한 적이 없는 사람처럼 행동했기 때문이라고 말했다. 남편은 딸에게 용서를 구했다. 아마도 우리 부부 중 한 명이 자녀에게 미안하다고 한 것은 그때가 처음이었을 것이다! 그리고 그때가 두 사람이 솔직하게 나눈 첫 번째 대화였을 것이다.

나는 조금 더 늦었지만, 하나님은 바바라의 반항을 사용하셔서 나의 교만, 하나님보다 규칙에 의존하는 것, 다른 사람을 판단하는 마음을 들추어내셨다. 고통스러운 시간이었지만 "내가 주께만, 오직 주께만 범죄하여"(참조. 시 51:4)라는 말씀처럼, 성령님이 나만 아는 교만과 오만과 무례함을 깊이 깨닫게 하시는 시간이었다. 죄에 대한 확신과 죄사함에 대한 확신이 너무나 강렬했기에, 나는 나의 유년시절을 파멸로 이끈 어머니를 용서하기 위해 집으로 찾아갔다. 그리고 아이들에게는 내가 가르쳤던 모든 율법주의(그리스도와 상관없이 규칙을 준수하는 생활 방식)에 대해 용서를 구했다.

그 이후 잭과 나의 자녀 양육에 복음이 들어왔다. 부모가 먼저 복음으로 살지 않는다면 결코 자녀들과 복음을 나눌 수 없다. 또 우리의 삶에는 예수 그리스도 안에서 날마다 새롭게 하나님 아버지의 용서를 누리는 기쁨을 알게 하시는 성령님의 역사가 있어야 한다. 놀라운 것은 그리스도께서 죄인을 위해 죽으셨다는 기쁜 소식을 너무나도 뒤늦게 나눈 우리의 연약함까지도 성령님이 사용하셨다는 사실이다. 성령님은 우리의 연약함을 자녀들 앞에서 복음으로 살아갈 통로로 사용하셨다. 나중에 바바라는 "아빠가 자신의 죄를 나누고 용서를 구하셨기 때문에 제가 변화된 것은 아니에요. 하나님이 저를 변화시키셨죠. 하지만 아빠의 모습은 제 관심을 끌었어요."라고 말했다.

시편 51편에서 다윗은 "내가 죄악 중에서 출생하였음이여 어머니가 죄중에서 나를 잉태하였나이다"(5절)라고 말한다. 이는 부모와 자녀 모두에게 해당하는 사실이다. 죄인인 부모가 어떻게 죄인인 자녀와 함께 살아갈 수 있을까? 그것은 자녀만 "죄송합니다."라고 말하는 것이 아니라, 부모도 "미안하다."라고 말해야 한다는 사실을 인정하는 데서 시작된다. 부모인 우리는 용서받은 것을 알기에 더는 우리의 죄를 숨길 필요가 없다. 그 대신 자녀에게 잘못했을 때 그들에게 용서를 구할 수 있다. 그리고 자녀들이 우리의 죄가 드러난 것을 보게 될 때(확실히 그 누구보다도 많이 볼 것이다), 우리도 자녀들만큼이나 예수님이 필요하다는 사실을 인정할 수 있다. 우리는 가정에서 '가장 앞서 회개하는 사람'이 됨으로써 자녀를 예수님께로 인도하고 참된 복음을 가르칠 수 있다.

부모로서, 자녀들을 안전하게 보호하며 그들이 하나님과 이웃을 사랑하는 사람으로 성장하도록 돕는 일은 우리의 역량을 훨씬 넘어선다는 사실을 직관적으로 안다. 하나님이 이 일을 하셔야만 한다는 것을 안다. 하나님이 우리와 함께하며 우리를 도와주셔야 한다. 그분은 우리의 자녀들을 포함해 모든 것의 건축자이시다. 그렇지만 우리는 너무 쉽게 우리의 마음과 가정에 하나님을 초대하도록 매일 겸손히 그분께 용서와 도움을 구해야 한다는 사실을 잊는다. 하나님은 높고 거룩한 곳에 계시며 또한 통회하고 마음이 겸손한 자와 함께하신다(사 57:15).

활동

우리 가정의 가족 규범은 무엇인가?

로즈 마리는 '밀러 가족의 방식'이라는 선량한 태도, 권위에 대한 존중, 주일에 교회 참석하기와 같은 '가족 규범'에 대해 썼다. 당신의 가정이 가지고 있는 가족 규범은 무엇인지 생각해 보라. 회개와 예수님에 대한 믿음 외에 자녀에게 가장 중요한 행동 목표로 심어 준 것은 무엇인가? 생각나는 답이 있다면 소그룹 구성원과 함께 나누어 보라.

1. 실마리를 찾으라

당신의 가족 규범이 무엇인지 예리하게 파악하기 위해 다음 문장을 완성하는 것으로 시작하라.

- 내가 성장한 가정에서 가장 중요한 행동 규칙(신앙적 규범이든 비종교적 규범이든)은 _____이다.

- 자녀들에게 "내가 너에게 가장 바라는 바람직한 행동은 무엇이지?"라고 묻는다면 나의 자녀들은 _____라고 대답할 것이다.

- 아이들이 _____한 행동을 할 때 나는 미칠 것만 같다.

2. 당신의 가족 규범을 파악하라

이제 앞선 실마리를 사용하여, 자녀가 죄를 고백하고 예수님을 믿는 것보다 더 중요하게 여기게 된 행동이 무엇인지 생각해 보라. 이것이 바로 당신의 가족 규범이다. 부모에게 착한 아이로 여겨지려면 반드시 그래야 한다고 자녀들이 느끼는 바로 그 행동이다. 비록 여기에 하나님이 명령하신 훌륭한 원칙들이 포함되더라도, 그것은 여전히 그리스도인이 된다는 것의 핵심과는 충돌한다.

- 내가 자녀들에게 주입하는 가족 규범은 _____ _____이다.

3. 회개하는 법을 알라

예수님은 선한 사람들을 위해 계시지 않는다. 그분은 자신의 죄를 인정하고 그분 안에서 용서를 받으며 회개하는 사람들을 위해 계시다. 이러한 원리가 당신의 가족 규범보다 지속적으로 더 중요하게 여겨진다면 자녀와 서로 어떠한 영향을 받을지 생각해 보라.

- 자녀와 관계에서 _____이 줄어들 것이다.

- 자녀와 관계에서 _____이 늘어날 것이다.

4. 당신의 가족 규범에 대해 회개하라

예수님 안에서 용서받는 기쁨을 발견한 부모는 (1) 질문할 수 있을 만큼 겸손해지고, (2) 기꺼이 죄를 인정하며, (3) 예수님이 자녀를 위해 행하신 일을 열정적으로 나누려 한다. 그러므로 자녀들과 함께 있을 때, 다음과 같은 내용을 생각해 보라.

- **질문하기**

부모인 당신이 자녀에게 무엇을 가장 원한다고 생각하는지 물어보라. 아니면 첫 단계로 적절하다고 생각하는 질문을 던져 보라. "아빠 혹은 엄마가 바뀌기 원하는 한 가지가 있다면 무엇이니?" 또는 "우리의 관계에서 변했으면 하는 것은 무엇이니?"라고 물어보라.

- **고백하기**

규범 그 자체를 고백하는 것으로 고백을 시작하라. 자녀에게 그간 그릇된 것들을 강조했다고 인정하고 용서를 구하라. (그렇다. 부모의 권위를 손상시키지 않고도 이렇게 할 수 있다.)

- **전하기**

예수님이 당신과 자녀 모두를 어떻게 용서하셨는지, 그리고 당신의 죄에도 불구하고 이 사실이 어떤 기쁨을 주는지 자녀들과 나누라.

The Gospel-Centered Parent

3과 '삶의 여정'에서 자녀를 가르치기

큰 그림 그리기 부모로서 우리는 예수님을 신뢰하고 순종하도록 자녀에게 가르칠 의무가 있다. 또한 우리는 그들이 믿음에 이르고 경건한 선택을 하기를 원한다. 이러한 의무와 소원이라는 닮아 보이는 압박은, 종종 부모인 우리가 자녀의 마음에 안전하게 복음을 채워 넣는 확실하게 증명된 공식을 찾게 한다. 그러나 그러한 것은 존재하지 않는다. 복음을 전하는 것은 몇 가지 쉬운 단계가 아니라 긴 여정이다. 우리의 임무는 자녀들이 항상 예수님에 관해 듣고, 우리를 본보기로 삼아 예수님이 우리 가족의 일상에 변치 않는 일부가 되시게 하는 것이다. 이것은 크나큰 도전이다. 하지만 우리의 성과가 아닌 예수님에 관한 것이기 때문에, 구하는 대로 능하게 하실 성령님의 모든 자원을 누리는 기쁘고 자유한 일이기도 하다.

성경 이야기

- 신명기 6장 4–12절

> 읽을거리

'길 위에서' 예수님에 대해 말하기

　예수님은 신명기 6장 5절을 가장 큰 계명이라고 하셨다. "너는 마음을 다하고 뜻을 다하고 힘을 다하여 주 너의 하나님 여호와를 사랑하라." 이 계명은 부모에게 강력한 지침을 전하는 뒷 구절을 보지 않더라도 숨 막힐 정도로 엄격하면서도 광범위하다. 게다가 우리는 가장 큰 계명에 순종하는 것 외에 우리 자녀들에게 (그리고 모든 이에게) 이 계명을 가르치라는 명령을 받았다. 오, 이 압박감이란! 우리는 집에서나 밖에서 자녀에게 가르쳐야 하는 계명에 대해 듣고는, 그 규칙들을 따르지 못해 죄책감을 느끼거나 또는 아예 가르치지 않을 수 있다. 혹은 이러한 도전에 압도당하는 느낌을 받을 수도 있다.

　이러한 계명을 따르는 것은 분명 거친 모험이다. 단지 자녀를 가르치는 것만이 아닌 우리 안에 수없이 많은 영적 갱신을 필요로 한다! 그렇다고 해서 우리가 잡지에 실릴 법한 가족 모델이 되어야 한다는 의미는 아니다. 우리의 아버지는 그분의 계명을 위로와 격려 그리고 넘치는 자유로 가득 채우신다.

신명기 6장에 나오는 여섯 가지 자유 (그리고 도전들)

1. 여유를 가지라. 누군가의 공식을 따를 필요는 없다.

자녀에게 예수님을 가르치는 것은 우리가 앉고 걷고 눕고 일어날 때, 곧 우리가 살아가는 가운데 일어나는 일이다(7절). 하나님의 계명은 다양한 때와 폭넓은 방법을 허용한다. 즉 정해진 공식이 없다는 뜻이다! 우리는 전문가의 방식에 맞추도록 강요받지 않으면서, 가족의 생활에 적합한 방식으로 복음을 가르칠 수 있는 큰 자유를 받았다. 함부로 무시해서도 안 되지만 특정한 모델을 따를 필요는 없다.

2. 행하라. 의도적으로 행해야 한다.

자유함에도 불구하고 우리는 "부지런히 가르쳐야" 한다(7절). 예수님에 대해 지속적으로 가르치기 위해서는 의도적인 행동이 필요하다. 식사 시간에 함께 모였을 때, 산책할 때, 잠자리에 누울 때, 아침에 기상할 때는 모두 좋은 습관을 형성할 수 있는 좋은 기회이다. 문지방과 현관문은 날마다 하나님을 생각하게 하는 글귀를 붙이기에 알맞은 장소이다.

특히 예수님에 관해 이야기하는 것이 어색한 가족이라면, 함께 기도하고 성경을 읽고 배울 시간을 정해 보자. 어색함을 극복하는 데 도움이 될 것이다. 바쁜 가정의 경우(모든 가정이 그렇지 않은가?), 하나님에 대해 이야기할 짧은 시간을 정한다면 일정을 지키는 데 도움이 될 것이다. 가족이 함께 기도하고 자녀를 가르치는 시간을 계획하는 일은 우리가 여유가 없을 때에도 기도하고 예수님을 생각하도록 훈련시킨다. 가족이 함께 예수님을 바라볼 수 있는 방법을 찾아서 하루에 여러 번, 예수님이 당신의 삶을 가득 채우시도록 하라.

3. 웃으라. 규칙 준수가 전부는 아니다.

그렇다. 우리의 자녀들은 하나님께 순종하는 법을 배워야 한다. 하지만 신명기 6장에 나오는 순종은 하나님에 대한 감사와 확신, 소망에서 비롯되는 것이다. 본문 말씀은 자녀들이 하나님의 율법에 대해 물을 때에도 구원에 대해 말하라고 가르친다. "너는 네 아들에게 이르기를 우리가 옛적에 애굽에서 바로의 종이 되었더니 여호와께서 권능의 손으로 우리를 애굽에서 인도하여 내셨나니"(21절). 이 구원은 다음의 내용을 포함한다.

- 하나님이 이미 행하신 일(12, 21-23절)
- 하나님이 지금 돌보시며, 생명을 주는 율법을 공급하심(1-3, 24-25절)
- 하나님이 장래에 주실 복(10-11절)

이는 우리가 예수님 안에 있는 구원의 모든 것을 자녀에게 가르쳐야 한다는 의미이다. 예수님이 우리 죄를 위해 죽으시고 다시 살아나심으로써 우리가 이미 받은 용서, 예수님이 자신의 아버지를 우리와 나누심으로써 오늘 우리가 누리는 아버지의 보살핌, 우리가 예수님과 영원히 함께할 장래의 소망에 관해 이야기하는 것은 얼마나 큰 기쁨인가? 단지 규칙을 정하는 것이 아닌 복음의 전체 이야기를 나누라. 그러면 더 나아가 예수님에 대한 경이로움을 품게 될 것이다. 부모인 우리가 어떻게 율법을 어겼는지 염려하기보다 예수님이 우리를 위해 어떻게 율법을 성취하셨는지 놀라워할 수 있다. 자녀들이 복음을 듣고 복음을 믿어 예수님을 알고 사랑에 빠질 때, 그들 안에서 하나님의 사랑은 자라날 것이다. 그러나 우리는 삶 가운데 자녀를 바로잡아야 할 일이 항상 일어나기 쉽다는 것을 안다. 이제 자녀들에게 항상 예수님에 대해 이야기해 보자.

4. 깊어지라. 당신의 마음이 복음에 잠기게 하라.

우리의 심령이 복음 안에 거하지 않으면, 자녀들에게 예수님에 대해 계속 이야기하기란 불가능하다. 복음 안에 거한다면 이야기를 멈추기가 불가능할 것이다. 이것이 우리가 "오늘 내가 네게 명하는 이 말씀을 너는 마음에 새기고"(6절)라는 말씀을 듣는 이유이다. 기도, 성경 읽기, 교회 출석 등에 헌신하는 개인적인 실천은 성가시게 여겨질 수 있지만 사실 이것이야말로 하나님의 기쁜 소식이 우리 마음에 먼저 부어지는 방법이다. 이는 단순히 연료를 붓는 것을 넘어 구주 안에서 기쁨을 배우는 방법이다. 그럴 때 자녀와 함께 기쁨으로 이 일을 행하게 된다.

5. 진짜가 되어라. 진실함이 필요하다.

예수님은 단지 특별한 활동만을 위해 계시지 않기 때문에 위선적일 필요는 없다. 우리는 교회에서와 마찬가지로 집에서나 여행 중에도 같은 사람이어야 한다. 만일 우리가 특별한 영성을 소유한 것처럼 행동하지 않고 그저 일상적인 삶을 통해 예수님에 대해 가르친다면, 아이들은 우리를 엄청난 은사를 받은(또는 죄 없는) 교사로 생각하지 않을 것이다. 자녀들은 우리의 진짜 모습을 보아야 하고, 부모는 자신의 모습을 자녀들이 보게 해야 한다.

예수님을 따르는 것은, '선한 사람'이 아닌 연약하고 실수 투성이에 매 순간 은혜를 필요로 하는 사람의 일이라는 사실을 자녀가 알아야 한다. 이와 같은 진실성은 놀랍도록 자유를 주지만 동시에 두려울 수 있다. 많은 부모가 자녀에게 자신의 실패나 평범한 모습을 보여 주기를 두려워한다. 그러나 성경이 말하는 자녀 양육에 대한 이 위대한 구절은 우리가 부모로서 얼마나 유능해야 하는지, 얼마만큼 진짜여야 하는지 전혀 언급하지 않는다는 사실을 기억하라.

6. 신뢰하라. 당신의 시선을 예수님께 고정하라.

우리는 자녀들에게 예수님 외에 영원한 행복의 원천은 없다고 가르칠 것이다. 자녀들은 다른 구원자를 믿지 않고, 다른 주를 섬기지 않으며, 오직 그들의 영혼을 진실로 사랑하는 분을 구해야 한다. 이를 가르치는 일은 이 땅의 어떤 일보다도 영광스럽고 필요하다. 그리고 이 사실은 결국 우리도 끊임없이 예수님께로 향해야 한다는 것을 의미한다. 이것이야말로 어떠한 압박감에도 무너지지 않고 신명기 6장의 도전을 받아들이는 유일한 길이다. 우리가 실패할 때(우리는 자주 실패할 것이다!) 예수님은 결코 실패하지 않으신다는 진리 안에서 우리는 안식해야 한다. 우리가 범죄해도 그분은 우리를 용서하며 여전히 사랑하신다는 사실을 기억해야 한다(요일 1:9-10).

너무 어렵게 들리는가? 하나님이 친히 우리 가정을 세우신다는 1과의 가르침을 기억하라. 당신의 아버지 하나님께 기도로 나아가기를 잊지 말라. 그분은 약한 자를 강하게 하고, 우리의 반복되는 약함을 사용해 위대한 일을 이루는 분이시다. 약해도 괜찮다. 그러면 강해지기 때문이다(고후 12:10).

The Gospel-Centered Parent

활동

작게 시작하고 크게 꿈꾸기

이제 자녀를 양육할 때 이러한 원리들을 어떻게 적용할 수 있을지 꿈꿔 보자. 지금 하지 않는 일 가운데 하나를 시작한다고 생각해 보라. (꼭 해야 한다는 것이 아니라, 단지 생각하고 꿈꾸기를 시작하자는 것이니 안심해도 된다.) 우리는 세 단계를 거치며 한 단계마다 한 요소를 택하는 방식으로 꿈을 세워 갈 것이다. 자녀 양육에 대한 전반적인 아이디어를 세운 후에는 소그룹 구성원과 공유하라.

1단계: 기회를 택하라

다음은 자녀와 함께할 기회가 될 수 있다.

- 하루 중 특정한 때
- 식사 시간
- 가족과 함께하는 가벼운 산책
- 반복적인 집안일 또는 허드렛일을 하며
- 우리 가족에게 적절하다고 여겨지는 다른 기회들

2단계: 활동을 덧붙이라

다음은 이 과의 내용 가운데 더 자주 하기 원하는 것들이다.

- 자녀와 함께 기도하기
- 성경 혹은 성경 이야기책 읽기

- 성경 공부 및 토론하기
- 예수님에 관해 말하기 / 읽기 / 배우기
- 복음과 구원에 담긴 복으로 격려하기
- 가족이 함께 예배하기
- 자신이 죄와 씨름한 일을 나누고, 그리스도 안에서 회개하고, 나아갈 것에 관해 나누기
- 예수님의 이름으로 다른 사람들을 돌보기
- 개인의 영적인 생활을 나누기
- 그 외에 하기 원하는 다른 여러 유형의 가르침과 활동

3단계: 자신을 향한 격려를 더하라

비록 잘해내지는 못하더라도, 우리가 품은 꿈이 고되고 어려운 일이 아니라 즐거운 도전이 되도록 다음이 도움을 줄 것이다.

- 예수님 안에서 완전한 용서를 받았다는 사실을 기억하는 것
- 실패와 연약함 속에서도 하나님이 당신을 쓰기를 기뻐하신다는 것, 특히 자주 그러한 약함을 통해 일하신다는 사실을 기억하는 것
- 예수님께 초점을 맞추도록 이끄는 성경 구절 또는 기도문
- 이번 과의 가르침 가운데 격려가 되었던 또 다른 내용

 ## 좌절이 아닌 **믿음으로** 훈육하기

큰 그림 그리기 순종하는 자녀로 양육하기란 어려운 일이다. 부분적으로는 우리의 죄가 이를 방해한다. 우리를 양육하시는 하나님의 사랑으로 자녀를 훈육해야 한다는 것을 알지만, 우리의 사랑에는 통제하고 존중받기를 원하며 위험을 감수하지 않으려는 이기적인 욕망이 뒤섞여 있다. 감사하게도 하나님 아버지는 우리와 전혀 다른 완벽한 부모이시다. 하나님은 우리가 회개와 믿음으로 그분께 돌이키면 사랑과 용납으로 안식을 주신다. 그리고 부모인 우리의 욕망을 충족시키려고 자녀에게 요구하는 것이 아닌 자유함으로 자녀를 사랑하도록 도우신다. 또한 복음을 통해 자녀들에게 가장 필요한 변화, 즉 마음의 변화가 일어나도록 역사하신다.

성경 이야기

- 에베소서 6장 1-4절
- 에베소서 6장 14-18절

'그렇지 않으면'이라는 계획이 실패할 때

　나는 고개를 숙이고 심장이 요동치는 상태로 계단에 앉아 있었다. 몇 계단 위에 어린 딸이 앉아 있었는데, 그녀의 불같이 화난 얼굴은 눈물로 얼룩져 있었다. 딸은 화가 났고 나는 분노했다. 나는 교사였기에 신중하고 일관적이며, 연령에 적합한 훈육 방침을 세우는 것이 무엇인지 잘 알았다. 그것이 나의 전문 분야였다. 부모가 자녀에게 권위를 가져야 한다는 것 역시 알았다. (나는 부모의 직무에 관한 책을 저술하기도 했다.) 그러나 내가 생각하는 권위는 "내가 시키는 대로 해라, 그렇지 않으면…."이었다. 나의 딸은 이때까지 한 번도 '그렇지 않으면'이라는 시험을 치른 적이 없었다. 슬프게도 나는 '그렇지 않으면'이라는 방침을 실제로 계획한 적이 없었다.

　나는 단지 딸이 확실하게 순종하도록 권위를 사용한 것이었지만, 그 계획은 실패했다. 그때 에베소서 6장의 말씀이 나를 덮치려는 불그스레한 안개를 뚫고 울려 퍼졌다. "자녀들아 주 안에서 너희 부모에게 순종하라 이것이 옳으니라 네 아버지와 어머니를 공경하라 이것은 약속이 있는 첫 계명이니 이로써 네가 잘되고 땅에서 장수하리라 또 아비들아 너희 자녀를 노엽게 하지 말고 오직 주의 교훈과 훈계로 양육하라"(1-4절).

나는 딸에게 순종을 요구하는 것이 옳다는 것을 알았고, 또 그렇게 했다. 하지만 이 구절의 마지막 부분은 내게 가장 어려운 씨름을 하게 했다. 자녀를 '노하게' 한다는 것은, 자녀로 하여금 짜증과 화를 내며 비통함을 느끼게 하는 방식으로 부모인 우리가 행동한다는 것이다. 나의 분노를 통제하지 못한 채, 딸을 그와 같이 대했다.

훈육은 어렵다. 자녀가 죄를 지었을 때 자녀를 바로잡아야 하지만, 그 과정에서 종종 부모인 우리의 죄가 함께 뒤섞여 버리기 때문이다. 골로새서 3장 21절은 자녀를 노엽게 할 때 어떤 일이 일어나는지 경고한다. "아비들아 너희 자녀를 노엽게 하지 말지니 낙심할까 함이라." 낙심한 아이들은 수치심, 분노 내지는 무력감을 느낄 수 있다. 결국에 부모가 원하는 행동을 할 수는 있겠지만, 예수님에 대한 소망을 품고 행동하지는 않을 것이다. 그들은 양육을 받은 것이 아니라 정복당했다고 느낄 것이며, 순종할 자유를 얻었다기보다는 저항할 수 없는 무력감을 느낄 것이다. 우리 중 어느 누구도 원하지 않지만, 자녀를 노엽게 하는 일은 자연스럽게 일어난다. 우리는 죄인을 양육하는 죄인이기 때문이다.

자녀를 훈육하는 것은 하나님이 우리를 양육하시는 방식, 곧 사랑에서 비롯되어야 한다. 히브리서 12장 6절은 "주께서 그 사랑하시는 자를 징계하시고 그가 받아들이시는 아들마다 채찍질하심이라"고 말한다. 우리도 그와 같이 되기를 원한다. 부모인 우리는 자녀를 사랑하고 그들을 위해 최선을 다해 자녀를 바로잡기를 원한다. 그런데 통제하고 존경받으려

하며 좋은 모습만 보이고 싶은 이기적인 욕망이 우리의 사랑에 섞여 있을 때가 많다. 우리의 자녀들 또한 이기적이고 잘 보이려 하며 통제하기를 원하기 때문에 그들을 훈육하려는 부모의 시도는 부모와 자녀 모두에게 좌절과 분노를 가져오기 쉽다.

계단 사건이 벌어졌을 당시, 남편과 나는 우리가 몸담은 사역단체 **서지**(Serge)에서 "양자 됨"(*Sonship*)이라는 양육 과정을 수강하고 있었다. 그 내용은 하나님의 사랑받는 아들과 딸로 사는 삶(롬 8:15; 갈 4:5-6)에 관한 것이었다. 우리는 이미 우리를 바라보며 "참 좋구나!"라고 말씀하시는 사랑의 아버지가 계시다는 사실과 이러한 진리가 어떻게 우리를 이기적이지 않고 사랑하며 살도록 돕는지 배우고 있었다.

계단에 앉은 채로 나는 이 진리가 자녀 양육에 어떻게 적용될 수 있을지 생각했다. 지금까지 나의 훈육 방침은 징계나 결과에 대한 두려움이 딸에게 동기 부여가 되어, 그녀가 순종하도록 외적인 행동을 세심하게 감독하는 것이었다. 그러나 그보다 먼저 나 자신이 마음으로 복음을 받아들여야 하며, 그런 후 딸에게도 복음을 믿도록 초대해야 한다는 것을 깨달았다.

나는 한 걸음 물러서서 기도하는 가운데 딸의 표면적인 죄 이면을 들여다보며 그녀의 마음을 다루었어야 했다. 자신의 죄를 바로잡기를 꺼리게 하는 교만이나 두려움이 무엇이었는지 알아야 했다. 하나님이 그것을 극복하도록 도우신다는 사실 역시 알아야 했다. 딸은 잘못된 행실에도 불구하고 예수님 안에서 자신을 용서하시는 사랑하는 아버지가 있다는 이야기를 들어야 했다. 아버지의 사랑과 돌보심 가운데로 돌아서는 회개가 기쁨의 돌이킴이 될 수 있다는 사실을 알아야 했다(눅 15:20-24). 그리고 부모 또한 자신의 죄에 대해 그와 같이 믿고 있음을 보아야 했다.

우리의 궁극적인 목표는 단지 자녀들이 우리에게 복종하는 것이 아니다. 그들의 마음이 하나님께 복종하도록 훈련시키는 것이다. 이를 위해서는 그리스도의 사랑으로 깨어진 마음이 필요하다. 자녀들은 부모의 훈육 가운데서 복음을 들어야 한다. 그들의 죄에 대해 이야기하고, 어떻게 마땅한 결말이 적용되는지 경험함으로써 복음이 실천되는 것을 보아야 한다. 자녀들의 죄에 대해 이기적인 분노로 반응하는 것은 우리가 죄를 지을 때 하늘에 계신 아버지께서 우리에게 반응하시는 방식이 아니다. 우리의 분노는 하나님이 우리의 자녀들에게 원하시는 의로운 삶을 가져다주지 않는다(약 1:20).

그날 밤 늦게 딸과 함께 기도하고 잠자리에 눕는데, 딸이 그날 아침을 묘사한 그림을 내게 건네 주었다. 그림에는 서로에게 불을 뿜는 큰 용 한 마리와 작은 용 한 마리가 그려져 있었다. 불을 뿜는 화난 용으로 묘사된 내 모습을 보기란 즐겁지 않았지만, 그 아침이 어떻게 지나갔는지 잘 표현한 그림이었다. 그리고 그 그림은 우리 둘 모두 회개하고 기도할 수 있는 좋은 기회를 만들어 주었다.

예수님께 용서와 도움을 구하러 나아가는 일은 부모와 자녀에게 치유를 가져다준다. 우리가 성령님의 도우심을 구할 때, 그분은 존중받고 질서를 세우기 위한 필요가 아닌 사랑으로 (우리가 사랑을 받았기 때문에!) 행하도록 우리를 훈련시키신다. 성경은 양육에서 발생하는 대부분의 일상적인 상황, 특히 안전한 경계를 만들고 일상의 틀을 유지하기 위한 간단한 훈육에 관해 직접적인 지침을 제공하지 않는다. 매일 훈육을 하는 일에는 하나님으로부터 오는 끊임없는 지혜가 필요하다. 그와 같은 지혜는 우리를 인내하면서도 단호하게 만든다. 우리 자신이 하나님 아버지의 값없는 사랑 안에서 안전하다는 사실을 알 때, 우리는 온유할 수 있는 겸손과 동시에 실패의 위험이 높아 보이는 힘든 훈육에도 관여할 용기를 얻게 된다.

활동

사랑으로 훈육하는 일에 자라가기

최근 불순종하는 자녀와 가진 훈육 시간을 떠올려 보라. 훈육이 완벽하게 이루어지지 않았던 때를 선택하는 편이 도움이 될 것이다. 아래 표에 따라 평가하고(해당하는 항목에 모두 체크하라), 당신이 발견한 것들을 소그룹 구성원과 공유할 준비를 하라.

1. 자녀를 훈육하려 했던 이유 및 훈육 이면에 있는 자녀를 '사랑하는 마음'과 '선한 동기'는 다음과 같다

☐ 아이가 잘못했고 바로잡을 필요가 있었다.
☐ 궁극적으로 아이가 하나님께 순종하고 존중하는 법을 배우기 원했다. 여기에는 내게 순종하고 존중하는 법을 배우는 것까지 포함된다.
☐ 복음으로 아이를 격려할 수 있는 기회라고 생각했다.
☐ 기타:_____
_____

2. 나의 훈육에 섞인 '이기적'이고 '죄된' 이유는 다음과 같다

☐ 존중받지 못하거나 부모의 권위를 주장할 수 없다고 느꼈고, 나 자신을 위한 존중과 통제권을 되찾고 싶었다.
☐ 아이가 나를 당황하게 만들었기에 어느 정도 아이가 따끔하게 수치심을 느끼기를 원했다.

☐ 아이의 행동이 내 삶의 다른 목표들(제시간에 집을 나가기, 일을 제대로 끝내고 평화롭고 조용한 시간을 갖기 등)을 방해하고 있었고, 나의 목표를 정상 궤도에 올리기 위해 가장 쉬운 길을 택했다.
☐ 기타: _____
_____

3. 나의 훈육에 '도움이 된 행동'들은 다음과 같다

☐ 죄악되거나 해로운 행동이 더 악화되기 전에 멈췄다.
☐ 겉으로 드러난 아이의 죄 아래에 있는 우상, 두려움, 그리고 완고한 고집에 주의하며 아이의 마음을 다루었다.
☐ 아이와 함께 기도하며 예수님에 대해 이야기하는 시간을 가졌다.

4. 나의 훈육에 '해로웠던 행동'들은 다음과 같다

☐ 내게 일어난 일에 대해 분노로 행동했다.
☐ 필요 이상으로 통제를 강요하거나, 그렇지 않으면 내가 명확하게 승자가 될 때까지 훈육 시간을 끝내지 않으려 했다.
☐ 가장 깊은 문제들을 해결되지 않은 채로 방치했고, 후속 조치를 취하지 않거나 두려움에 혹은 지쳐서 훈육을 포기했다.

☐ 기타: _____

_____

5. 나의 훈육에 대해 평가한 결과, 복음적인 양육에서 가장 성장하기 원하는 부분은 다음과 같다

_____

_____

_____

6. 이를 위해 내 마음이 변화되어야 할 부분은 다음과 같다

☐ 내가 회개할 때 하늘에 계신 아버지께서 나를 환영하고 품어 주신다는 사실을 믿을 수 있다. 그러므로 나는 가족을 기꺼이 기쁨으로 회개하는 자리로 이끌 수 있다.

☐ 자녀를 훈육하는 일에 대한 다음과 같은 두려움을 회개할 수 있다.
- 존중이나 통제력을 잃을 것에 대한 두려움
- 싸움에서 질 것에 대한 두려움
- 형편없는 부모로 드러날 것에 대한 두려움
- 왠지 자녀를 망치고 있다는 두려움

다음과 같은 이유에서 사랑으로 훈육하는 일에 나아갈 수 있다.
- 하나님이 '집을 세우시는 분'이라는 사실을 신뢰한다.
- 하나님은 나의 실패와 죄마저도 나와 자녀를 가르치는 데 사용하실 수 있음을 신뢰한다.
- 종종 실패함에도 불구하고 하나님은 나를 끝없이 사랑하신다는 것을 신뢰한다.

☐ 자녀를 훈육할 때 생기는 이기적인 교만을 회개할 수 있다.
- 상황을 다룰 수 있다는 교만
- 나를 존중하는 순종적인 자녀를 두었다는 교만
- 적절하고 성경적인 방식으로 훈육하고 있다는 교만

다음과 같은 이유에서 자신을 증명하는 것이 아닌 겸손한 규율로 자녀를 훈육할 수 있다.
- 나의 의는 좋은 부모가 되는 것이 아닌 예수님께 속하는 것에서 비롯된다는 사실을 안다.
- 나 또한 나를 깊이 사랑하는 지혜로우신 아버지께 훈육을 받고 있음을 안다.
- 내가 아니라 성령님이 자녀의 마음을 변화시키심을 안다.

☐ 기타:_____
_____

5과 기도로 양육하기

큰 그림 그리기 복음적인 자녀 양육은 하나님에 대한 믿음을 바탕으로 하기 때문에 기도가 그 핵심이다. 양육을 하면서 여러 가지 일을 통해 기도가 필요하다는 사실을 경험하면서도, 우리는 여전히 기도를 소홀히 하는 경우가 많다. 아마도 기도에 대해 낙담했거나, 기도할 자격이 없다고 느끼거나, 스스로 일을 처리할 수 있다고 생각하기 때문일지 모른다. 하지만 기도야말로 세상에서 가장 위대한 양육의 자원이며, 예수님을 믿는 우리에게는 무한히 사용할 수 있는 자원이다. 우리는 기도 가운데 하나님의 지혜와 자비로운 돌보심을 신뢰하며 우리의 자녀들을 하나님께 맡기는 법을 배울 수 있다.

성경 이야기

- 시편 145편 18-19절
- 빌립보서 4장 6-7절
- 로마서 8장 26-28절

읽을거리

기도하는 부모 되기

　지금까지의 내용들이 여러분에게 격려가 되었기를 바란다. 하지만 여러분이 우리와 같다면 그 모든 내용들은 또한 도전적이었을 것이다. 곧바로 회개하고, 일관된 믿음을 가르치며, 나아가 사랑으로 훈육을 해야 한다는 사실을 상기하기란 쉬운 일이 아니다. 어쩌면 이 공부를 통해 그동안 무시하고 싶었던 양육의 부족한 부분들이 드러났을 수 있다. 양육은 어쨌든 압도적으로 벅찬 과업인데, 이제 당신이 해야 할 일이 더 많아졌다! 이 모든 것에 더해 자신감이 없어지는 불편한 감정까지 느낄지 모른다.

　부족함을 느낄 때, 우리의 자연스러운 반응은 그러한 감정을 거부하거나 자신의 부족함 때문에 낙담하는 것이다. 그래서 지금은 기도를 배우기에 아주 좋은 시기이다. 예수님은 부족함에 대처하는 한 방법을 가르치셨는데, 곧 기도로 그분께 나아가는 것이다. 제자들이 예수님께 기도를 가르쳐 달라고 했을 때, 그분은 한밤중에 떡을 구하기 위해 이웃집 문을 두드릴 수밖에 없었던 한 사람에 관한 이상한 이야기를 들려주셨다(눅

11:5-10). 예수님이 말씀하신 이야기의 요점은 우리의 필요가 우리로 하여금 구하고, 찾고, 두드리게 하며, 하나님은 우리의 기도에 당신 자신으로(성령님을 선물로) 응답하신다는 점이다. 양육이 우리로 하여금 부족함을 느끼게 하는 것은 좋은 일이다. 왜냐하면 우리의 부족함은 우리를 기도의 자리로 이끌기 때문이다. 기도는 우리 자녀들을 위해 우리가 상상하는 것보다 훨씬 더 많은 일을 하시는 사랑과 능력의 아버지 하나님께 가까이 나아가게 한다.

어쩌면 당신은 이것을 알면서도 여전히 기도하는 데 어려움을 겪고 있을지 모른다. 나도 그렇다. 기도해야 한다는 것을 알지만 기도하고 싶지 않을 때가 많다. 대신 좌절하거나 낙담에 빠지고는 한다. 게다가 기도 생활이 약해지면 기도에 대해 생각할 때 죄책감을 느끼게 되고, 이는 기도를 더 어렵게 만든다. 나는 여러 해 이 문제로 씨름하는 가운데 더디지만 기도에 대한 열망이 자라는 것을 보면서, 성경이 우리에게 예수님을 가리키며 기도하도록 격려한다는 사실을 배웠다. 기도하는 부모가 되기 위해서는 적어도 세 가지 면에서 예수님을 더 잘 바라보아야 한다.

첫째, 정죄감을 느낄 때, 예수님 안에서 우리가 가진 특권을 보아야 한다. 나와 같이 기도에 더딘 부모는 정말이지 어리석고 죄로 가득한 사람이다. 그러나 자신의 추악함 때문에 하나님께 무엇이든 구하고 가장 좋을 것을 받을 자격이 없다고 생각해서는 안 된다. 우리는 그리스도 안에서 기도할 때, 언제나 죄를 용서받은 자로 아버지께 나아갈 수 있고(히 10:19-22), 예수님의 유업에 참여한 자로 그분께 나아갈 권리가 있으며(롬 8:15-17), 성령님의 도우심을 받을 수 있다(롬 8:26-27). 그렇다! 기도를 잘

하지 못하는 내게 있는 것은 정죄가 아니라 하나님의 도우심이다! 성령님은 내가 씨름하는 것을 아신다. 그분은 내가 기도하는 그곳에서 나와 함께 기도하신다. 나 자신이 아무리 합당하지 않다고 느껴지더라도, 그 모든 생각과 염려를 가지고 언제든지 아버지께 나아갈 수 있다.

둘째, 부족함과 필요를 느끼지 않을 때, 우리가 스스로 할 수 있는 것보다 예수님의 능력이 낫다는 사실을 믿어야 한다. 나는 개인적으로 모든 것을 직접 처리하려는 유형의 부모이다. 자녀 양육에 문제가 발생하면 최선을 다해 그것을 해결하려고 한다. 해결할 수 없다면 더 열심히 노력하거나 그것을 무시하기로 결정한다. 하나님께 돌이키는 것은 내가 거의 사용하지 않는 세 번째 선택이다. 바로 이번 주, 우리 부부가 훈육 문제를 다루고 있을 때, 아내는 내게 아이들을 위해 기도하자고 제안했다(대개 그것은 아내의 생각이다). 아내의 말이 옳다는 것을 알았지만, 한편으로는 '내가 그것을 다룰 수 없다고 보는 거야?'라는 생각이 들었다.

그것은 하나님에 대한 믿음이 약하다는 징후이다(그리고 나의 교만이다!). 나는 그분의 힘을 신뢰하기보다는 내 힘을 의지하기를 선호했다. 하지만 우리 구주는 만유의 주님이시다! 우리 가족 가운데 가장 강한 사람은 나라고 생각하며 기도를 소홀히 할 때마다, 실제로 나는 가족 가운데 가장 약한 부분이 되어 있었다. 나는 스스로 충분하다고 여기기를 멈추고, 마음을 변화시키고 죄와 허물에서 선을 이끌어 내시는 하나님의 참된 능력을 의지해야 했다.

셋째, 낙담이 될 때, 예수님은 자신을 부르는 이들에게 얼마나 친절한 분이신지 깨달아야 한다. 때때로 나는 기도가 '효과가 있을 것'이라고 믿지 않거나 하나님이 내가 원하는 방식으로 응답하실 거라고 생각하지 않기 때문에 기도하기를 멈춘다. 기도했지만 원하는 결과를 빨리 얻지 못할 때, 나는 하나님을 포기하고, 대신 걱정하거나 물러나 있으며 시간을 보낸다. 나의 기도에 하나님이 어떻게 응답하시든, 복음서 전체에서 예수님이 보여 주신 것과 같은 눈부신 애정을 나타내 보여 주실 거라는 신뢰를 하지 못한다. 그러나 기진맥진한 상태에서 진정으로 항복하며 간구하는 모든 사람에게 예수님은 비할 수 없는 긍휼을 베푸신다.

성경에 나오는 한나 이야기는 기도를 통한 항복의 훌륭한 예시이다. 한나는 아이를 가질 수 없다는 깊은 결핍감에 기도를 시작했다. 그녀의 기도는 이렇게 표현될 정도로 너무나 강렬했다. "여호와 앞에 내 심정을 통한 것뿐이오니 … 나의 원통함과 격분됨이 많기 때문이니이다"(삼상 1:15-16). 한나는 이전에도 기도했지만, 자녀를 얻기 위한 이번의 기도는 전심으로 항복하는 기도였다. "내가 그의 평생에 그를 여호와께 드리고 삭도를 그의 머리에 대지 아니하겠나이다"(11절). 심지어 하나님이 자녀를 주시기도 전에 한나는 평안을 느꼈고 "얼굴에 다시는 근심 빛이" 없었다(18절). 아마 당신도 자녀로 인해 큰 근심으로 하나님께 마음을 쏟아부은 적이 있을 것이다. 한나처럼 자신이 할 수 없는 일(그들의 마음을 변화시켜 그분과 다른 이들을 사랑하게 하는 것)을 간구하며 하나님께 항복한 적이 있는가? 우리는 우리의 자녀들을 잘 안다. 그러나 그들을 가장 잘 아시는 아버지께 자녀를 맡기는 것은 얼마나 큰 위로가 되는지 모른다!

하나님이 한나에게 주신 아들 사무엘은 위대한 선지자로 성장했고, 한나의 기도도 성장했다. 얼마 지나지 않아 그녀의 근심과 자기 연민은 하나님의 선하심에 대한 찬양으로 바뀌었고, 하나님이 그의 나라와 목적을 위해 자신의 가족을 사용하시리라는 확신으로 바뀌었다(삼상 2장). 이것이 기도가 하는 일이다. 우리의 걱정을 하나님께 맡길 때, 우리는 두려움에서 믿음으로, 슬픔에서 안도함으로 옮겨 갈 것이다. 우리의 염려를 하나님께 맡길 때, 우리는 스스로 통제하려는 욕구를 포기하는 대신 하나님의 확실한 손안에서 안식을 얻을 것이다. 기도야말로 달콤한 위로이다!

내게 기도에 관한 세 가지 복(특권, 능력 그리고 위로)의 가치는 어머니의 죽음 이후 더욱 분명해졌다. 이 글을 쓰는 지금은 어머니의 장례식을 치른 지 정확히 한 달이 되는 날이다. 어머니에 대해 그리운 것이 많지만, 아마도 가장 큰 상실은 어머니의 기도일 것이다. 어머니는 한나와 같은 여인이었다. 어머니는 많은 면에서 약했지만, 강하신 구주와 가까우셨다. 어머니는 나와 아내, 그리고 우리 자녀들을 위해 매일 기도하셨다. 우리 가족을 위한 어머니의 기도는 아직 다 드러나지는 않았지만, 의심할 여지없이 놀라운 방식으로 하나님의 나라를 진전시켰다.

이제 어머니가 떠난 그 빈 자리를 누가 채울 것인가? 누가 자신의 개인적인 약함을 알면서도 아버지께서 결코 멀리 계시지 않다는 사실을 선명하게 아는 가족의 리더가 될 것인가? 누가 더 나은 것을 얻기 위해 모든 것을 항복하는 사람이 될 것인가? 누가 겸손함 가운데 지속적으로 기도하여 하나님의 복을 비처럼 내리게 할 사람이 될 것인가? 성령님의 자비로운 도우심 가운데 변함없이 간구하여, 우리를 구원하기에 능하신 왕으로부터 흔치 않은 능력을 받을 사람은 누구인가? 그 사람이 바로 나이기를 원한다.

활동

가족을 위해 주기도문으로 기도하기

주기도문(마 6:9-13)을 우리 자녀들을 위한 기도의 기초로 사용할 수 있다. 이는 우리가 가진 깊은 필요를 떠올리게 하고 그에 대해 기도하는 모본을 제공한다.

각 구절을 읽고, 그에 맞춰 가족을 위한 간단한 기도 제목을 적고 나누라. 각 제목들을 간단히 기도하며 마무리하라.

하늘에 계신 우리 아버지여, 이름이 거룩히 여김을 받으시오며
하나님은 지금까지 우리 가족에게 아버지의 사랑과 돌보심을 어떻게 보여 주셨는가?

기도: 하나님의 돌보심에 대해 감사하고 찬양하라.

나라가 임하시오며 뜻이 하늘에서 이루어진 것 같이 땅에서도 이루어지이다
우리 가족(자녀들 포함)이 하나님의 뜻을 행하거나 그의 나라를 섬기는 데 어떻게 참여할 수 있는가?

기도: 가족이 하나님 나라를 섬기도록 도와주시기를 기도하라. 또는 우리 가족이 어떻게 섬길 수 있을지 보여 주시기를 구하라.

오늘 우리에게 일용할 양식을 주시옵고
현재 자녀들이 직면한 필요는 무엇인가?

기도: 하나님이 이러한 필요를 채워 주시기를 구하라.

우리가 우리에게 죄 지은 자를 사하여 준 것 같이 우리 죄를 사하여 주시옵고
당신이 가족에게 지은 죄는 무엇인가? 자녀들에게 어떤 죄를 지었으며 그들과 화해해야 할 부분은 무엇인가?

기도: 당신의 죄를 하나님께 고백하고 용서를 구하라. 또한 가족이 다시 화해할 수 있도록 그분의 도우심을 구하라.

우리를 시험에 들게 하지 마시옵고 다만 악에서 구하시옵소서
자녀가 죄의 유혹을 받는 방식은 무엇인가? 또는 그들을 해치려고 위협하는 악은 어떤 것이 있는가?

기도: 자녀들이 그 죄에 저항할 수 있도록 도와주시기를 하나님께 구하라. 또는 그 악으로부터 자녀들을 보호해 주시기를 기도하라.

6과 자녀가 부모를 **실망시킬** 때

큰 그림 그리기 최선의 노력으로 자녀들을 사랑하고 가르치려 함에도 불구하고, 때때로 자녀들은 우리를 실망시킨다. 특정한 죄에 빠지고, 회개하는 데 거의 관심을 보이지 않거나, 심지어 예수님에 대한 믿음을 완전히 버릴 수도 있다. 물론 모든 하나님의 자녀는 한때 탕자였음을 깨닫는 것은 도움이 된다. 우리 모두가 아버지께 충성되지 않았고 죄로부터 구원이 필요했다. 아버지 하나님은 그런 우리의 배반에 부드러운 사랑으로 응답하셨다. 이 사실은 우리에게도 자녀들에 대한 소망(하나님 안에서의 소망!)을 가져다준다. 또한 분노와 두려움에 사로잡히지 않고 사랑으로 자녀에게 반응할 수 있도록 도와준다.

성경 이야기

- 호세아 11장 1–4절
- 호세아 11장 8–9절

> 읽을거리

하나님은 방황하는 자녀를 어떻게 양육하시는가?

    부모로서 우리는 정말 실망하기를 바라지 않는다. 자녀들도 우리와 같이 구주가 필요한 죄인이라는 사실을 지식적으로는 알지만, 자녀가 나쁜 선택을 하고 자신과 다른 사람에게 상처를 주는 행동을 할 때면 여전히 놀람, 좌절감, 두려움, 죄책감, 실패감 그리고 낙담으로 씨름한다. 당신의 자녀가 실패할 때, 그들에 대한 당신의 희망과 꿈이 눈앞에서 무너질 때, 어떻게 자녀를 도울 수 있는가? 또한 당신 자신을 어떻게 도울 수 있겠는가?

    하늘에 계신 완전한 아버지에게도 길 잃고 방황하는 자녀들이 있다는 사실을 기억하는 것이 좋다. 실제로 하나님의 모든 자녀들은 우리 자녀들처럼 그릇된 방향으로 행했다. 그래서 하나님은 당신의 슬픔을 이해하신다. 이사야서 5장에 나오는 자신의 백성을 향한 하나님의 마음을 들어 보라. "내가 내 포도원을 위하여 행한 것 외에 무엇을 더할 것이 있으랴 내가 좋은 포도 맺기를 기다렸거늘 들포도를 맺음은 어찌 됨인고"(4절). 이것은 예루살렘에 있는 자기 백성을 향한 예수님의 탄식을 떠올리게 한다. "암탉이 그 새끼를 날개 아래에 모음 같이 내가 네 자녀를 모으려 한 일이 몇 번이더냐"(마 23:37).

이 슬픔이 들리는가? 예수님 또한 자신이 창조하고, 양육하고, 사랑했던 사람들 때문에 얼마나 가슴이 아프셨는지 보이는가? 친구나 교회가 당신이 느끼는 감정을 완전히 이해하지 못할 수는 있으나, 예수님은 확실히 이해하신다! 아니, 그 이상이다. 그분은 해결책이시다. 이사야서는 길을 잃고 방황하는 자녀들을 언급한 뒤에 우리를 실망시키지 않으실 한 아들에 대한 약속을 전한다. "한 아들을 우리에게 주신 바 되었는데"(사 9:6). 예수님은 결코 아버지를 실망시키지 않으셨고, 잘못된 방향으로는 단 한 발자국도 내딛지 않으셨다. 그분은 완벽하게 순종하셨으나 하나님을 거절한 모든 사람에게 평화와 치유, 소망을 가져오기 위해 자신의 생명을 바치셨다.

나의 경험에 비추어 볼 때, 자녀들을 어떻게 도울지 명확하게 보기 전에 우리는 진리, 곧 우리에게 구주가 계시며 그분이 우리를 이해하신다는 좋은 소식으로부터 시작해야 한다. 왜냐하면 우리 자녀들이 씨름할 때 우리도 고군분투하고 있기 때문이다. 우리는 소망을 잃어버린다. 수치심을 느끼기도 한다. 도움을 구하는 우리의 울부짖음을 하나님이 들으시는지 의문을 품기도 한다. 그러니 자녀에게 어떻게 반응할지 고려하기 전에, 당신의 슬픔을 이해하시는 하나님께 나아가 그분의 긍휼과 도우심을 구하라. 그다음 하늘에 계신 우리 아버지는 모든 것을 주관하시며, 그분의 계획은 선하고, 그분은 자비를 구하는 우리의 울부짖음을 들으시고, 우리와 자녀의 죄가 그분의 사랑을 막지 못한다는, 이 위대한 진리를 기억하라. 자기 아들을 아끼지 아니하시고 모든 사람을 위해 내주신 이가 어찌 그 아들과 함께 모든 것을 우리에게 주시지 않겠는가! 그 무엇도 그리스도 예수 안에 있는 하나님의 사랑에서 우리를 끊을 수 없음을 기억하라. 시간을 내서 로마서 8장 26-27절을 읽으라. 그리고 특별히 성령님이 당신의 가족에 대한 하나님의 관점을 주시기를 기도하라.

자녀의 죄를 보게 되면 분노, 방어, 비난 그리고 빠른 해결책으로 서둘러 달려가기 쉽다. 하지만 감정적으로 반응하는 대신 먼저 당신의 마음을 하나님께로 가져가라. 불신을 품지는 않았는가? 분노는? 용서치 않는 마음을 품지는 않았는가? 비난하고 있지는 않은가? 그리스도의 십자가로 인해 부모와 자녀 모두에게 용서는 언제나 가능하다(요일 1:9-10). 때때로 자녀들이 몸부림치는 어려움은 우리를 겸손하게 한다. 어쩌면 우리는 자녀를 양육하는 방식이나 자녀들이 이룬 성취에 대해 자부심을 느꼈을지 모른다. 그러나 이제 자녀를 변화시키는 데 무력하다는 사실을 분명히 알게 된다. 겸손한 자에게는 은혜가 있고, 하나님께 가까이 나아갈 때 그분은 지혜와 도움으로 우리에게 가까이 오실 것이다(약 4:6-8).

또한 자녀를 어떻게 용서해야 할지 생각해 보라. 용서하지 않고서는 하나님과의 관계나 자녀와의 관계에서 앞으로 나아갈 수 없다. 아마도 당신에게 긴 목록이 있을 것이다. 그 목록을 하늘에 계신 아버지께 가져가 당신의 자녀를 위해 준비된 은혜를 받을 수 있도록 자신이 얼마나 많은 은혜를 받았는지 보여 달라고 구하라.

성령님이 우리의 죄를 보여 주시고, 하나님의 사랑을 확신하게 하시며, 용서할 마음의 태도를 주실 때, 우리는 어려움을 겪는 자녀에게 새로운 방식으로 다가갈 수 있다. 소리를 지르거나, 눈물을 흘리거나, 냉담하게 물러나는 대신, 하나님이 에덴동산에서 당신의 실망스러운 자녀에게 다가가셨던 방식으로 자녀와 대화할 수 있다.

아담과 하와가 죄를 지었을 때, 하나님은 그들에게 우레와 같이 다가가지 않으셨다. 다만 몇 가지 간단한 질문을 하셨다. "네가 어디 있느냐?", "누가 너의 벌거벗었음을 네게 알렸느냐?", "내가 너더러 먹지 말라 한 그 나무 열매를 네가 먹었느냐?", "네가 어찌하여 이렇게 하였느냐?"(참조. 창 3:9-13). 질문으로 시작하면 성령님이 자녀의 마음에 다가갈 기회를 주시며, 또 당신에게도 자녀가 무엇을 생각하고 있었는지 (또는 생각하고 있지 않았는지!) 그리고 어떤 욕구가 그런 선택으로 이어졌는지 이해할 기회를 주신다.

물론, 잘못된 선택에는 항상 결과가 따른다. 하지만 분노와 실망 대신 사랑과 용서로 그 결과를 적용하거나 (아니면 그들의 선택이 가져오는 결과를 지켜보는 것으로) 사용할 수 있다. 아담과 하와는 끔찍한 결과를 경험했지만, 그들을 향한 하나님의 사랑은 실패하지 않았다. 하나님은 바로 그 자리에서 그들이 저지른 악을 되돌릴 구주를 주겠다고 약속하셨다(창 3:15).

우리는 자녀들의 삶에서 자신이 하나님의 역할을 하려는 유혹을 받는다. 올바른 훈육과 바른말, 교회에 나오게 하거나, 역동적인 메시지를 듣게 하는 것 등으로 어떻게든 자녀들이 좋은 선택을 하도록 조종하려고 한다. 그 대신, 하나님을 향한 항복과 기도를 통해 하나님이 가장 최선의 것으로 일하며 자신을 나타내시도록 하지 않겠는가? 당신의 믿음을 사랑으로 표현하며 자녀의 삶에 당신이 할 수 없는 일을 하나님이 행하실 것을 신뢰하라. 우리 딸이 신앙을 떠났던 그 힘든 시기 동안, 우리의 기도는 우리 자신보다는 하나님 나라를 확장하며 그분의 뜻을 이루시기를 구하는 데 더 집중하게 되었다. 그리고 하나님이 언제나 우리를 향해 다가오셨기 때문에, 우리는 딸에게 계속해서 다가갈 수 있었다. 그녀가 우리에게서 가능한 한 멀리 떨어져 있으려 할 때에도 우리는 우리의 삶과 계획에 언제나 딸을 포함시켰다.

물론 우리는 딸이 변화되기를 원했다. 그러나 기도하는 동안 성령님은 우리로 하여금 하나님이 그분의 방식과 때에 일하시기를 기꺼이 기다리게 하셨다. 그분은 딸을 위한 이야기 또한 가지고 계셨다. 하나님은 우리 딸을 처음부터 그분의 이야기에 포함시키셨고, 그와 같이 다른 사람들도 더할 계획을 하고 계셨다.

우리는 기도하고 지켜보고 사랑하며 하나님이 우리 딸을 그의 나라로 인도하시기를 기다리는 동안, 하나님이 하시는 일을 가장 앞자리에서 보았다. 하나님은 딸을 믿음으로 인도하셨을 뿐만 아니라 그녀와 동거 중이었던 남자친구 안젤로에게도 그렇게 하셨다. 그들이 결혼한 후, 안젤로는 목사가 되었고, 이후 우리에게 이사를 와 함께 가족을 이루었다. 현재도 우리는 여전히 함께 살고 일하면서 하나님 나라가 임하고 그분의 뜻이 이루어지기를 기도하고 있다. 하나님이 행하신 일은 내가 간구하거나 상상하는 것보다 훨씬 더 컸다! 하나님이 당신을 위해 어떤 결과를 준비하고 계시는지 알 수는 없지만, 하나님은 당신의 가족을 위해 당신이 구하거나 상상하는 것보다 훨씬 더 많은 일을 하신다고 확신한다.

활동

길을 잃고 방황하는 자녀를 대하는 방법

자녀들이 잘못된 행동을 할 때 분노와 두려움으로 반응하는 대신, 복음적인 회개로 초대하는 방식으로 자녀와 대화할 수 있다. 이러한 대화는 하나님이 성경에서 사용하시는 본보기와 일치한다.

(예시) 아담과 하와가 처음 죄를 지었을 때, 하나님은 그들을 불러 그에 관해 물으셨다. 그들을 밀어내는 대신, 지은 죄에 대해 대화하자고 초대하셨고, 그들에게 자백하고 회개할 기회를 주셨다.

"그들이 그 날 바람이 불 때 동산에 거니시는 여호와 하나님의 소리를 듣고 아담과 그의 아내가 여호와 하나님의 낯을 피하여 동산 나무 사이에 숨은지라 여호와 하나님이 아담을 부르시며 그에게 이르시되 네가 어디 있느냐 이르되 내가 동산에서 하나님의 소리를 듣고 내가 벗었으므로 두려워하여 숨었나이다 이르시되 누가 너의 벗었음을 네게 알렸느냐 내가 네게 먹지 말라 명한 그 나무 열매를 네가 먹었느냐"(창 3:8-11).

이제 부모가 원하는 대로 자녀가 행동하지 않았던 상황을 생각해 보자. 당신이 자녀에게 다가갈 때, 다음과 같은 전략 중 일부를 포함시킨다고 상상해 보라. 어느 것도 쉽지 않겠지만, 당신이 시도해 보고 싶은 몇 가지를 고르라. 그리고 이를 실천한다면, 자녀들이 우리를 실망시킬 때 일반적으로 드러내게 되는 분노, 두려움, 혼란 또는 실망과 어떻게 다른 모습일지 이야기해 보라.

1. 잠시 멈추고 기도하라

자녀를 대면하기 전에, 먼저 당신의 마음을 하나님께 가져가라. 자신의 분노가 이기적인 것은 아닌지, 불신, 용서치 않음 또는 비난의 마음을 품고 있지는 않은지 스스로에게 물어보라. 이런 마음을 물리치고 명확하게 생각할 수 있는 평안한 마음 주시기를 성령님께 구하라.

2. 명확하게 생각하라

자녀의 어려움을 이해하는 방식으로, 자녀 스스로 생각과 감정을 정리하는 데 도움이 될 수 있는 질문을 하라.

1) 명확하게 하기 위한 질문
- 무슨 일이 있었는지 말해 줄래?
- 네 말을 더 잘 이해하고 싶어. ~에 대해 무슨 뜻인지 말해 줄 수 있니?
- ~에 대해 어떤 느낌이 들어?
- ~에 대해 더 자세히 말해 줄 수 있니?
- ~라고 말했을 때 무슨 뜻이었니?

2) 명확하지 않은 질문
- 무슨 생각으로 그랬어?
- 어떻게 그럴 수 있니?

3. 토론하는 자리로 초대하라

드러난 일 이면을 탐사하라. 자녀가 무엇을 두려워하고 무엇이 자기를 행복하게 해줄 거라 믿는지, 곧 문제 행동의 원인은 무엇이며 이를 부모와 자녀가 함께 파악할 수 있는지 살펴보라. 자녀의 삶에서 깊은 죄가 드러나더라도 비난하려는 충동은 자제하라. 당신은 자녀가 야단맞을 걱정 없이 동료 죄인(당신)에게 자신의 감정과 죄까지도 드러내어 나누기를 원하지 않는가.

1) 토론으로 초대하는 질문
- ~하지 않으면 어떤 일이 일어날까 봐 두려웠니?
- 왜 ~이 너를 행복하게 (또는 안전하게) 만든다고 느끼니?

2) 토론을 가로막는 질문
- 무엇이 옳은 일인지 알면서 왜 그냥 하지 않는 거니?
- 그게 죄라는 걸 알잖아! 그만 좀 해!!

4. 복음을 말하라

예수님께 돌아오는 죄인들을 향한 하나님 아버지의 사랑에 대해 자주 그리고 자연스럽게 이야기하라. 당신이 용서하거나 분노를 통제하는 데 어려움을 겪더라도, 하나님 아버지께서는 예수님을 믿는 사람들을 항상 용서하신다는 사실을 자녀에게 알려 주라. 부모 자신의 죄를 겸손히 고백하고, 어떻게 용서받았는지를 나누라.

5. 계속해서 기도하라

자녀와 대화하기 전에만 기도하지 말고, 대화하는 동안 그리고 대화한 후에도 기도하라. 적어도 자녀와 이야기한 시간만큼 하늘에 계신 아버지와 그 상황에 관해 이야기하는 시간을 보내도록 노력하라. 자녀와 나누는 가장 최선의 대화보다 하나님과 나누는 대화에 더 큰 힘이 있다는 것을 믿으라.

7과 하나님 나라를 향한 모험

큰 그림 그리기 만일 부모로서 우리의 역할이 단지 자녀를 잘 기르는 것이라고 생각한다면, 우리는 놀랍고도 경이로운 일(예수님을 믿는 모든 이는 그 나라의 일원이며 그분과 함께 다스리도록 정해졌다는 사실)을 놓치는 것이다. 때문에 양육의 가장 큰 기쁨 중 하나는 교회를 세우고, 도움이 필요한 사람들을 돕고, 예수님의 기쁜 소식을 전하고, 그리스도께서 당신의 백성을 구원하며 세상을 되찾으시는 모든 곳에서 죄와 죽음, 슬픔에 맞서 싸우는 하나님 나라의 감격을 자녀에게 소개하는 것이다. 우리는 개인적인 성공, 안락함 그리고 인정이라는 공허한 목표를 위해 살도록 자녀들을 가르치는 대신, 영원을 향한 부요하고 의미 있는 삶으로 그들을 초대한다.

성경 이야기

- 마태복음 9장 35-38절
- 마태복음 6장 19-21절

읽을거리

가족과 함께 진정한 모험을 떠나기

앞에는 태평양이, 뒤에는 높은 산들이 두르고 있는 레드우드 근처에 사는 동안, 하나님은 자신이 만드신 세상이 얼마나 경이로운지 우리 마음에 심어 주셨다. 우리는 자연스럽게 하나님의 경이로움을 자녀들과 나누었다. 자녀와 산책을 하며 지나치는 나무의 이름을 알려 주고, 계절의 변화를 지켜보고, 매일 펼쳐지는 일몰의 장관을 가리키며 이야기를 나누었다. 우리 부부가 가장 좋아하는 일을 아무런 노력 없이 쉽게 아이들에게 전할 수 있었다.

잠시 시간을 내어 자신이 좋아하는 것이 무엇인지, 그리고 그것을 가족과 어떻게 나누었는지 생각해 보라. 전혀 어렵지 않았다. 그렇지 않은가? 책, 스포츠, 캠핑 등 우리가 좋아하는 것은 무엇이든 일상적으로 자녀들 앞에서 혹은 자녀들과 함께 그것을 한다. 따라서 가족과 하나님 나라에 관해 나누고 그들을 하나님 나라의 모험으로 데려가는 일은 바로 부모인 우리 자신에게서 시작된다. 역사상 가장 위대한 구조 임무의 일원이 되다니, 경이로움과 흥분으로 마음이 벅차오르지 않는가? 아니면 이미 해야 할 일이 너무 많은데, 하나님의 부르심을 진지하게 받아들이는 일까지 추가되는 것 같은가?

혹시 마지막 질문에 '예'라고 대답하는 자신을 발견했는가? (나 역시 그랬다!) 그렇다면 가족을 하나님 나라에 참여시키는 방법을 생각하기 전에, 당신 자신이 하나님의 사랑받는 자녀로 받아들여지고 용서받고 하나님 나라의 백성이 된 것에 관해 경이로움과 기쁨을 잃어버리지는 않았는지 생각해 보라.

당신이 처음 그리스도인이 되었을 때를, 혹은 예수님이 모든 대가를 치르고 다 이루셨다는 사실을 알고 기쁨으로 가득 찼던 때를 생각해 보라. 죄로 인해 당신이 얼마나 깨어졌는지, 그러한 당신을 하나님이 얼마나 사랑하시는지, 그래서 당신을 위해 자신의 아들을 보내 어떻게 죽게 하셨는지 기억하는 기본으로 돌아가라. 그리스도 안에서 당신이 얼마나 많은 것을 가졌는지 다시금 깨닫도록 성령님께 간구하라. 그럴 때 예수님이 하신 일과 지금도 행하고 계시는 일에 대해 다시 한번 경이로움을 느끼고 가슴이 벅차오를 것이다.

요한계시록 2장에서 예수님은 에베소 교회에게 말씀하신다. 예수님은 그들이 열심히 일하고 신실하며 많은 것을 인내한 것을 칭찬하신다. 하지만 한 가지 문제가 있다. 그들은 "처음 사랑을 버렸다"(참조. 4절). 예수님이 우리의 첫 번째 사랑이 아니라면, 자녀들은 분명히 그것을 알아차릴 것이다. 반대로 우리가 하나님을 향한 사랑에서 멀어진 것을 회개할 때 자녀들은 그 또한 알아차릴 것이다. 그리고 하나님을 향한 사랑은 언제나 우리가 주변 사람들을 돌보는 것에서 넘쳐날 것이다. 우리가 자녀의 마음을 변화시키거나 하나님에 대한 사랑을 직접 심어 줄 수는 없다. 그러나 우리가 가족, 이웃, 교회, 도시 그리고 이 땅에 하나님 나라를 임하게 하기 위해 사랑을 행동으로 표현할 때 우리의 하나님을 향한 사랑이 자녀에게 드러날 것이다.

우리에게는 모두 예수님이 제자들에게 마지막으로 명령하셨던, '모든 곳에 복음을 전하는 일'에 각자의 역할이 있다(마 28:18-20). 하나님 나라에서는 어느 누구도 열외자로 앉아 있지 않다. 하나님은 그리스도의 교회가 제자를 삼는 일에 그분의 백성이 삶의 모든 영역에서 믿음을 나누며 성령님과 함께 참여하기를 원하신다. 그러므로 당연하게도 이것은 당신의 가족을 향한 핵심적인 부르심이기도 하다. 물론 모든 그리스도인 가정이 같은 일을 하거나 같은 방식으로 하나님 나라의 부르심을 따라 사는 것은 아니다. 오히려 그 반대이다. 개인과 가족은 각자의 고유한 환경, 인생의 계절, 그리고 은사를 반영하는 방식으로 하나님 나라의 일부가 된다. 하지만 당신의 가족을 하나님 나라의 모험으로 인도하려면 명심해야 할 몇 가지 중요한 원칙들이 있다.

1. 가족이 하나님 나라 이야기를 이해하도록 알려 주라. 함께 창세기 12장 1-3절을 살펴보라. 약속을 하시고 그 약속을 지키시는 하나님의 놀라운 이야기를 자녀들에게 가르쳐 주라. 오늘날에도 여전히, 그리스도를 따르는 자들이 하늘의 별과 바닷가의 모래보다도 더 많은 수의 가족으로 자라갈 것이라는 하나님의 약속 가운데 우리가 살고 있음을 자녀들에게 알려 주라.

2. 당신은 어떻게 그리스도인이 되었는가? 자녀들도 그 이야기를 알고 있는가? 하나님이 당신을 어떻게 그의 나라로 부르셨는지, 그리고 오늘날에도 여전히 어떻게 그의 나라의 일부가 되게 하시는지(벧전 3:15) 자녀들과 함께 나누라.

3. 복음이 온 세계에서 자라며 열매를 맺고 있다고 자녀들에게 가르치라(골 1:5-6). 세상을 변화시키는 하나님 나라를 보는 방법들을 찾으라. 하나님 나라의 관점에서 시사 문제에 대해 이야기해 보라. 선교사 가정과 교제하며 그들이 사는 지역에는 하나님 나라에 관한 어떤 이야기가 있는지 들어 보라.

4. 자녀들과 함께 이웃, 친구, 친척들의 필요를 위해 기도하라.

5. 가족과 함께 당신의 이웃, 학교 그리고 교회의 어려운 사람들에게 손을 내밀어 보라. 교회 공동체의 일원이 아닌 사람들도 포함하라. 그들을 위해 식사를 준비한다면 자녀도 함께 참여하게 하라. 가족이 함께 다른 이들을 도울 방법들을 찾아 보라.

6. 가족과 함께 도시, 나라 그리고 더 멀리 세계 곳곳에 있는 어려운 사람들에게 나아가라.

가족과 함께 하나님 나라의 모험을 떠나려고 한다면, 예수님이 제자들에게 하신 마지막 말씀을 기억하라. 그분은 "내가 세상 끝날까지 너희와 항상 함께 있으리라"(마 28:20)고 말씀하셨다. 제자들은 홀로 완수해야 할 불가능한 임무를 받은 것이 아니다. 하늘과 땅의 모든 권세를 가진 온 우주의 왕께서 끝날까지 그들과 함께하겠다고 약속하셨다. 그 약속은 당신과 당신의 가족을 위한 약속이기도 하다. 예수님은 우리가 부름 받은 일을 감당할 수 있도록 우리를 도우신다. 그분을 향한 사랑으로 살라. 그러면 그분은 바로 곁에서 당신을 이끌고 인도하며 도우실 뿐 아니라 당신이 할 수 없는 일, 곧 당신에게서 하나님 나라의 기쁜 소식을 들은 사람들의 마음이 변화되는 일을 행하실 것이다.

활동

모험 시작하기

하나님 나라의 사역에 참여하는 것(또는 더 많이 참여하는 것)은 단순히 무언가를 하기로 결정하는 것 이상이다. 당신의 가족이 복음에 대한 믿음을 실천으로 옮길 때, 하나님 나라 섬기기를 사랑하는 법을 배울 것이다.

- 자신의 죄에 대해 정직할 때, 우리는 겸손한 종이 된다.
- 우리를 향한 그리스도의 사랑을 소중히 여기는 법을 배울 때, 우리는 긍휼함을 품은 종이 된다.
- 예수님께 소망을 두는 것을 실천할 때, 우리는 그리스도 안에서 확신을 가진 종이 된다.

이 활동은 당신의 가족이 하나님 나라의 모험에 참여하는 방법, 곧 예수님을 섬기는 모험을 즐거워하게 하는 겸손과 긍휼과 확신을 어떻게 기를지 아이디어를 얻는 데 도움이 될 것이다.

각 카테고리에 대해 한두 가지 생각을 골라 문장을 완성하라. 그런 다음 당신이 생각하는 바를 나누라. 기도 노트는 이 과의 마무리 기도를 할 때 길잡이가 되어 줄 것이다.

1. 장애물을 파악하라

하나님 나라를 위한 사역을 생각할 때, 또는 하나님 나라에 가족과 함께 참여하려고 할 때 무엇이 당신을 가로 막는가?

1) 압박감

- 교회를 섬기거나 예수님을 위해 다른 이에게 다가가는 일을 생각할 때 기쁨 대신 _____ 때문에 압박감이나 죄책감을 느낀다.

2) 잘못된 우선순위

- 우리 가족은 하나님 나라를 위해 섬길 시간이 없다. 왜냐하면 _____ 때문에 너무 바쁘기 때문이다. 그것이 우리를 소진시킨다.

3) 냉담함

- 나는 다른 사람들의 _____ 보다 나 자신의 _____ 을 더 중요하게 생각한다.

4) 불안함

- 자녀들과 함께 하나님 나라의 사역을 한다는 생각은 _____ 한 이유에서 나를 불편하게 만든다.

5) 두려움

- 나는 _____ 만 아니면 무엇이든 할 것이다. 왜냐하면 _____ 이 두렵기 때문이다.

6) 실패에 대한 두려움

- 나는 자녀들에게 _____을 하게 했을때 그들이 _____할까 봐 두렵다.

그런 다음 장애물에 대해 기도하라.

- 하나님이 당신을 겸손하게 해 주시기를 기도하라.
- 자신의 죄와 실패를 깨닫고, 예수님이 나를 위해 행하신 모든 일에 감사하며, 다른 이들에 대한 긍휼한 마음을 갖게 되기를 기도하라.
- 성령님이 당신을 향한 하나님의 무조건적인 사랑을 보게 하셔서, 외모나 성과에 대한 걱정에서 자유로워지기를 기도하라.

2. 토대를 세우라

당신의 가족이 하나님 나라를 섬기는 일을 매력적이고 흥미진진하게 여기며 살 수 있도록, 자녀와 함께 정기적으로 할 수 있는 일로는 무엇무엇이 있는가?

- 나는 _____을 할 때 자녀들에게 나의 삶 가운데 행하신 하나님의 일에 대해 이야기할 수 있다.
- 나는 매일/매주 _____을 하며 예수님에 대해 배우고 복음을 찬양하는 가족 시간을 가질 수 있다.

- 나는 자녀들과 _____에 대해 이야기할 수 있다(지난 시간에 배운 '토론으로 초대하는 질문'을 기억해 보라).
- 나는 내 자신이 _____와 씨름하는 것에 대해 자유롭게 이야기함으로써 우리 가정이 죄를 인식하고, 속히 회개하며, 예수님께 감사하는 분위기를 만들 수 있다.
- 우리 가족은 _____에서 하나님의 일하심에 대해 더 많이 배울 수 있다.
- 우리 가족은 _____에 가서 하나님이 무엇을 행하시는지 볼 수 있다.

그런 다음 이와 같은 토대를 두고 기도하라.

- 우리 가족이 하나님 나라의 사역의 긴급함과 흥미진진한 특권을 보게 하시기를 기도하라.
- 하나님 나라의 구체적인 영역이 성장하기를 보려는 열망을 우리 가족에게 주시기를 기도하라.
- 자녀들에게 예수님 안에 있는 겸손과 기쁨의 본을 보일 수 있기를, 그리고 그분이 자녀들에게도 동일한 자질로 복 주시기를 기도하라.
- 죄와 용서 그리고 예수님에 대해 열린 마음으로 토론하며 격려하는 가정이 되도록 기도하라.

3. 모험을 시작하라

당신의 가족은 하나님 나라 사역에 적극적으로 참여하기 위해 어떤 행동을 취할 수 있는가?

- 우리 가족은 ＿＿＿＿＿＿＿＿＿＿＿＿＿＿을 위해 기도할 수 있다.
- 우리 가족은 ＿＿＿＿＿＿＿＿＿＿＿＿＿＿으로 교회를 섬길 수 있다.
- 우리 가족은 ＿＿＿＿＿＿＿＿＿＿＿＿＿＿인 이웃과 친구가 될 수 있다.
- 우리 가족은 ＿＿＿＿＿＿＿＿＿＿＿＿＿＿으로 이미 섬기고 있는 ＿＿＿＿＿＿＿＿＿＿＿＿＿＿과 함께할 수 있다.
- 우리 가족은 ＿＿＿＿＿＿＿＿＿＿＿＿＿＿에 가서 ＿＿＿＿＿＿＿＿＿＿＿＿＿＿을 하며 도울 수 있다.
- 우리 가족은 가정에서 ＿＿＿＿＿＿＿＿＿＿＿＿＿＿을 하며 ＿＿＿＿＿＿＿＿＿＿＿＿＿＿의 하나님 나라 사역을 지원할 수 있다.

마지막으로 이 여정의 좋은 출발을 위해 기도하라.

- 하나님이 그리스도의 나라를 섬기는 좋은 길로 우리 가족을 인도해 주시기를 기도하라.
- 가족을 잘 이끌 수 있는 지혜를 주시기를 기도하라.
- 불확실성 가운데 또는 어떤 생각이 최선인지 확신할 수 없을 때에도 그리스도의 부르심에 응답할 의지와 용기를 주시기를 기도하라.

The Gospel-Centered Parent

8과 가족과 함께 **고난을 헤쳐 나가기**

큰 그림 그리기 이 세상을 사는 동안 고난을 겪지 않는 가족은 없다. 자녀들과 함께 고난을 통과할 때, 우리의 시선과 자녀의 시선을 예수님께 고정하는 것은 복음 중심적인 자녀 양육에서 중요한 부분이다. 성경은 예수님이 우리를 긍휼히 여기며 우리가 고난 중에 있을 때 함께하신다고 가르친다. 더 나아가 그분은 인간의 고난 속으로 들어와 우리의 가장 큰 슬픔을 짊어지셨다. 더욱이 그분은 남은 고난을 구속하고 우리 삶에 선을 이루며 우리가 하나님께 영광을 돌리게 하신다. 무엇보다도 우리가 어떤 고난을 겪든 그분은 언제나 우리에게 자기 자신을 주고 그분의 사랑을 베풀며, 언젠가는 우리의 고난을 영원히 끝내실 것이다. 이 모든 것이 지금의 고난을 쉽고 가볍게 만들어 주지는 않는다. 그러나 우리의 고난은 절망이 아닌 믿음이 우리와 함께한다는 사실을 가리킨다.

성경 이야기

- 요한복음 9장 1–7절
- 요한복음 9장 35–39절

읽을거리

고난의 때에 예수님 바라보기

한 아이가 중학교 입학 첫날부터 눈물을 흘리며 집에 돌아온다. 가장 친한 친구가 자신을 완전히 무시해 마음이 산산조각났기 때문이다. 고등학교에서 농구 스타였던 한 아이는 코트에서 쓰러져 무릎 부상을 입고 시즌과 장학금 기회를 모두 잃는다. 한 아이는 부모님이 이혼한다는 소식을 듣는다. 어떤 아이는 엄마가 암으로 죽어 간다는 말을 듣는다. 이는 자녀만큼이나 부모인 우리에게도 가슴 아픈 일이다. 이런 일이 생기면 자녀와 함께 울 것이다. 하지만 우리는 그와 같은 고난 속에서도 자녀들이 믿음을 잃지 않기를 바란다. 좋을 때나 힘들 때나 우리를 지탱하는 것은 바로 우리를 향한 예수님의 사랑을 믿는 것임을 알기 때문이다.

나는 이런 고난을 겪은 가정들을 알고 있다. 당신도 그럴 것이다. 성경은 우리가 이 땅을 사는 동안 고난을 피할 수 없다고 말한다. 하나님은 고난 가운데 우리와 함께하시지만, 우리가 천국에 이르기까지 고난에서 완전히 구해 주시지는 않는다. 이는 우리 자녀들에게 가르쳐야 할 중요한 진리이다.

고난을 예상한다고 해서 그것이 쉬워지는 것은 아니다. 고난은 우리의 믿음을 시험하고 자녀들의 믿음도 시험한다. 어떻게 하면 자녀들이 믿음으로 고난을 통과하며 살아가도록 가르칠 수 있을까? 먼저 우리 자신과 자녀들에게 예수님은 우리와 함께하는 임마누엘의 하나님이심을 상기시키는 것에서 시작해야 한다. 그분은 "간고를 많이 겪었으며 질고를 아는 자"(사 53:3)이시다. 우리와 함께하시는 하나님은 모든 종류의 고난을 이해하신다. 그래서 우리는 어떠한 고난 가운데서도 그분께 나아갈 수 있고, 자녀들도 그렇게 하도록 격려할 수 있다.

우리는 깊은 아픔으로 슬퍼한다. 자녀들도 깊이 슬퍼할 것이다. 하지만 예수님이 그러셨듯이 우리 또한 고난을 통해 하늘에 계신 아버지를 바라본다. 우리는 자녀가 자신의 의문과 분노, 상처를 하나님께 부르짖도록 격려할 수 있다(시 22편). 모든 슬픔을 가지고 하나님께 나아가는 것은 믿음의 행위이다. 그것은 우리의 고난이 궁극적으로 그분의 손안에 있음을 인정하는 것이다. 악한 세력과 깨어진 세상 그리고 우리의 죄가 모두 고난을 초래하지만, 하나님은 그 모든 세력 위에 계신 왕이시다! 그분은 우리에게 궁극적으로 선으로 역사하는 고난만을 배후에서 허락하신다. 그분은 전능한 하나님이자 동시에 우리의 선한 아버지이시다. 그러기에 우리는 소망 없는 자 같이 슬퍼하지 않는다(참조. 살전 4:13).

룻의 이야기는 바로 이에 관한 예이다. 이 이야기는 기근 때문에 고향을 떠나 모압이라는 불신의 땅으로 옮겨 간 한 가정의 이야기로 시작한다. 그곳에서 남편과 두 아들을 모두 잃은 나오미는 "전능자가 나를 심히 괴롭게 하셨다"(룻 1:20)고 울부짖는다. 그녀는 지혜롭게도 소망을 주시는 분을 향해 자신의 불평을 쏟아냈다. 하나님은 그녀의 혹독한 상황 뒤에 계획을 가지고 계셨다. 그러나 그녀에게 고난이 시작된 지 10년이 넘어서야 처음으로 하나님의 목적을 엿볼 수 있었다. 그때 하나님은 그 상황을 사용해 며느리 룻에게 믿음을 심어 주셨고, 룻에게 경건한 남편을 허락하셨으며, 나오미에게 손자를 안겨 주셨다.

하지만 우리는 여기서 멈춰서는 안 된다. 이 책은 나오미와 룻이 평생 알지 못했던 놀라운 결말로 끝을 맺는다. 룻의 아기는 위대한 다윗왕의 할아버지가 되었다. 이처럼 하나님은 그들 가정의 고난을 사용하여 온 열방에 풍성한 복을 허락하셨다. 비록 그들은 그 사실을 전혀 알지 못했지만 말이다. 더욱이 성경의 나머지 부분은 하나님이 어떻게 다윗 가문을 통해 예수님이 탄생하게 하셨으며, 온 세상을 죄에서 구원하셨는지 보여 준다! 룻기의 저자조차 몰랐던 사실이다. 또한 예수님은 이 땅에 오셨을 때, 자신이 고난을 겪으심으로써 하나님의 순전한 선하심을 그 어느 때보다도 더 달콤하게 보여 주셨다. 십자가의 피보다 깊이 밴 사랑은 없다.

당신의 가족이 겪고 있는 고난은 무엇인가? 자녀에게 무엇을 말해 줄 수 있는가? 그렇다. 이 땅을 사는 동안에는 하나님이 당신을 위해 가지신 선한 계획을 아주 조금밖에 보지 못할 수 있다. 설령 하나님의 계획을 일부 목격하는 기쁨을 누린다 해도, 확실히 최고의 것은 아직 오지 않았다. 하나님이 당신과 자녀들을 위해 예비하신 놀라운 일들은 우리의 상상을 뛰어넘는다! 그러므로 자녀들에게 우리가 "양자 될 것 곧 우리 몸의 속량을 기다리며"(롬 8:23) 살아간다는 것을 가르치라.

그리고 당신이 그날을 기다리는 동안 고난이 많든 적든, 당신의 삶에서 가장 좋은 것은 당신이 예수님께 속했다는 사실이다. 고난은 그분 안에 있는 광대한 부요함을 깨닫도록 우리를 훈련할 것이다. 마귀는 우리가 하나님과 함께하는 삶보다 순탄한 삶이 더 낫다고 생각하기를 원한다. 하지만 고난은 이 세상의 무엇도 영원하지 않는다는 사실을 보여 준다. 우리가 고난을 당할 때 의지할 수 있는 확실한 위로는 오직 예수, 곧 그분이 약속하신 장래의 소망과 지금 나누는 그분과의 우정뿐이다. 자녀들에게도 그것을 알려 주라.

여러 해 전, 아직 젊은 교사였을 때 나는 캠프 사역을 섬겼다. 숙박을 하는 캠프에 처음 참가한 한 아이가 향수병을 심하게 앓았는데, 내가 그 아이의 가족을 알고 있었기에 그 아이를 위로하는 것은 나의 일이 되었다. 게임, 친구, 쿠키 등 온갖 방법을 다 동원해 보았지만 아무것도 그녀를 행복하게 만들지 못했다. 마침내 나는 그 아이에게 너를 위해서 기도해도 되는지 물었다. 아이는 환하게 미소 지으며 그렇다고 답했고, 기도 후에는 훨씬 기분이 나아졌다. 그때 나는 아이의 부모가 옳은 일을 하고 있음을 알았다. 그들은 우리가 슬플 때 하나님을 바라보아야 한다는 사실을 딸에게 가르쳤던 것이다.

몇 달 후, 그 아이가 암에 걸렸다는 소식을 들었다. 수술과 화학 요법 그리고 수년간의 재활 치료가 이어졌다. 그녀를 다시 캠프에서 만났을 때 그녀는 십 대였고, 모든 치료에도 불구하고 암은 여전히 그녀와 함께 있었다. 나는 그녀와 가족이 그간 깊은 고통을 겪었으며, 또 최악의 상황이 아직 남았을 수 있다는 사실을 알았다. 그래서 캠프의 마지막 날, 참가자들이 집에 가져갈 티셔츠에 서로 개인적인 메시지를 남길 때, 나는 그녀가 얼마나 멋진 아이인지 전형적인 문구를 적지 않았다. 그 대신 나는 용기를 내 이렇게 적었다. "하나님이 너에게 얼마나 선하신 분인지 항상 기억하렴!"

곧바로 나는 긴장이 되었다. 만약 그녀가 나의 메시지를 무정하고 지나치게 단순한 것이라고 생각하면 어떡하지? 하지만 내가 쓴 것을 그녀에게 보여 주었을 때, 아이는 수년 전에 내가 보았던 바로 그 미소로 화답했다. 그녀는 알고 있었다. 삶의 모든 즐거움이 사라져도 예수님만은 변함없이 함께하시며, 그분이야말로 이 세상 무엇과도 비교할 수 없을 만큼 소중한 분이시고, 그분은 우리를 돌보시며, 우리가 의지할 수 있다는 사실을 말이다. 얼마나 훌륭한 부모를 두었는가!

활동

믿음은 고난을 어떻게 변화시키는가?

고난은 우리로 하여금 예수님을 바라보게 할 뿐 아니라, 우리 자신의 마음을 이해하는 데에도 도움을 준다. 우리 모두에게는 예수님에 관해 믿는 것과 실제로 살아내는 것 사이에 간극이 있다. 고난은 우리가 믿는 대로 살도록 우리를 훈련시킨다. 예수님의 사랑보다 더 좋은 것은 없으며, 우리가 겪는 어떤 고난도 그 사랑을 이길 수 없다는 사실을 말이다. "누가 우리를 그리스도의 사랑에서 끊으리요 환난이나 곤고나 박해나 기근이나 적신이나 위험이나 칼이랴"(롬 8:35).

고난에 따르는 상처와 그로 인한 상한 감정은 우리의 믿음과 다른 방식으로 행동하게 할 수 있다. 상한 감정 자체가 항상 잘못된 것은 아니다. 예를 들어, 예수님도 고난을 마주하셨을 때 분노와 슬픔을 모두 느끼셨다. 하지만 이러한 감정들이 믿음을 동반하지 않을 때 이는 '비난하기', '고치려 들기', '회피하기'와 같은 행동으로 이어질 수 있다.

다음 항목에서 당신과 관련된 감정과 행동을 살펴보라.

고난에 대한 일반적인 반응들

1. 비난
자신이나 자녀에게 일어난 고난에 대해 누군가를 비난한다.

1) 우리는 다음과 같은 감정을 느낄 수 있다.
- 분노: 일어난 일에 대해 누군가가 대가를 치르기를 꿈꾼다.

- 판단: 다른 사람이 무엇을 잘못했는지 또는 어떻게 배신했는지 지적하고 싶어한다.
- 정죄: 자신을 비난하거나 자녀의 고난에 대해 자녀를 비난한다.

2) 그럴 때 다음과 같은 감정을 느끼지 못한다.
- 동정심
- 용서

3) 그래서 다음과 같은 모습을 보인다.
- 비록 악이 고난 가운데 어떤 역할을 할 수는 있으나, 모든 고난은 하나님의 손안에 있으며, 결국 그분께서 당신의 유익을 위해 고난을 사용하신다는 사실을 믿지 못한다.
- 자신도 많은 실패와 배신으로 심판받아 마땅하지만, 예수님으로부터 긍휼히 여김 받은 것을 아는 겸손함으로 살지 못한다.

2. 교정

고난을 바로잡는 것에 집착하며 다른 사람들이 고통을 받아들이지 못하도록 한다.

1) 우리는 다음과 같은 감정을 느낄 수 있다.
- 두려움: 고난을 받아들이기를 두려워하거나, 자신이 실패자처럼 보일까 봐 걱정한다.

- 혼란: 왜 고난이 일어났는지 이해하지 못하거나, 고난이 자신에게 일어 났다는 사실을 받아들이지 못한다.
- 의심: 하나님이 정말로 나를 사랑하시는지, 지혜가 있으신지 그리고 이 모든 상황을 통제하고 계신지 의문을 품으며, 자신의 행복(다른 사람의 행복도)은 자신의 노력에 달려 있다고 여긴다.

2) 그럴 때 다음과 같은 감정을 느끼지 못한다.
- 만족
- 슬퍼하는 이들에 대한 공감

3) 그래서 다음과 같은 모습을 보인다.
- 가장 큰 기쁨은 문제를 피하는 능력이 아닌 하나님과 그분이 주시는 것에서 찾을 수 있음을 믿지 못한다.
- 자신을 향한 하나님의 사랑 안에서 안식하지 못한다.

3. 회피
고난을 감당하며 자녀들이 그것을 헤쳐 나가도록 돕기를 회피한다.

1) 우리는 다음과 같은 감정을 느낄 수 있다.
- 걱정: 고난을 잘못 다루게 될까 봐 두렵고, 도움을 주려 할 때 노출될지 모를 부담감, 어색함 등이 염려된다. 그래서 '겁'이 날 수도 있다.
- 슬픔: 슬픔에 압도되어 아무도 도울 수 없다고 느낀다.

- 자기 연민: 자신의 고난만 보인다. 다른 사람을 생각할 이유를 찾지 못한다.
- 원망: 하나님에 대한 싫증으로 기도, 예배, 개인 경건, 믿음의 지체들과의 만남 등 영적 습관들을 소홀히 한다.

2) 그럴 때 다음과 같은 감정을 느끼지 못한다.
- 자신이 도움이 되리라는 마음
- 소망을 품는 마음

3) 그래서 다음과 같은 모습을 보인다.
- 하나님이 고난 가운데 함께하시고 나를 깊이 돌보며 도우신다는 사실을 믿지 못한다.
- 예수님과 그분이 계획하신 장래에 대한 소망을 갖지 못한다.

9과 영적 전쟁과 가족

큰 그림 그리기 그리스도인의 삶은 전투이다. 예수님이 우리를 죄에서 구원하셨지만, 죄와의 싸움은 아직 끝나지 않았다. 우리와 우리 자녀들은 매일 매 순간 외부에서 우리를 공격하는 악뿐만 아니라, 우리 안에서 솟아나는 악으로부터 위협을 받고 있다. 이 전투를 위해 자녀들을 구비시키고, 구주를 의지함으로써 그분과 함께 싸우도록 가르치는 것은 부모로서 우리의 가장 중요한 임무 가운데 하나이다.

성경 이야기

- 요한일서 2장 15-17절
- 로마서 7장 21-25절
- 에베소서 6장 10-17절

읽을거리

가족의 진정한 전투

　우리는 '영적 전쟁'이라는 개념을 가정 생활과 쉽게 연결 짓지 못할 수 있다. 그보다는 불과 유황에 대한 설교나 엑소시즘이 등장하는 공포 영화를 떠올릴지 모른다. 하지만 성경은 그리스도인이 된다는 것은 우리와 자녀가 자신 안에 있는 악, 세상 그리고 마귀와의 싸움으로 들어가는 것이라고 분명히 말한다.

　우리 부부는 아이들을 양육할 때 우리 마음에서 일어나는 이 싸움을 가장 중요한 것으로 생각하지는 않았다. 많은 부모처럼 우리도 외부의 나쁜 영향으로부터 아이들을 보호하는 데 관심이 있었다. 그래서 우리는 다섯 자녀들 주위에 방어선을 쳤다. 그들이 읽는 것과 텔레비전에서 보는 것, 어울리는 친구들, 다니는 학교가 모두 기독교적 가치를 반영하는지 확인했다.

　이렇게 하는 것이 잘못은 아니었다. 그리스도인 부모로서 자녀를 보호하는 것은 소명의 일부다(비록 어떤 면에서는 조금 지나쳤을 수 있다). 하지만 우리가 '지나치게' 했다고 하더라도, 실제로는 충분히 나아가지 못했다. 왜냐하면 악은 우리 가족의 외부에만 있는 것이 아니라, 우리 각자의 내면에도 있다는 사실을 고려하지 않았기 때문이다. 우리 모두는 죄로 인해 왜곡되고 깨어진 마음을 가지고 있다.

세상에 있는 사탄의 근거지는 에덴동산에서 시작되었다. 아담과 하와는 완벽한 관계, 가정 그리고 일도 가지고 있었다. (정말로 불평할 것이 없었다!) 하지만 사탄은 그들에게 금지된 열매를 먹으라고 유혹했다. 하나님의 선하심과 진실하심을 의심하고 스스로 더 나은 것을 얻을 수 있다고 탐하게 만들었다.

사탄은 그들에게 "너희가 결코 죽지 아니하리라 너희가 그것을 먹는 날에는 너희 눈이 밝아져 하나님과 같이 되어 선악을 알 줄 하나님이 아심이니라"(창 3:4-5)고 말했다. 세상을 향한 욕망은 그들의 육신을 죄악되게 만들었고 마귀의 노예로 만들었다.

나쁜 소식은 악이 가족 외부에만 있지 않고, 부모와 자녀 모두의 자기 중심적인 마음 안에도 자리 잡고 있다는 사실이다. 하지만 좋은 소식은 예수님이 사셨고, 죽으셨으며, 부활하시고 우리에게 당신의 영을 보내셔서 안팎의 악으로부터 우리를 구원해 주신다는 것이다. 우리와 자녀가 직면한 이 전쟁을 이해하는 것은 중요하지만, 우리가 무방비 상태로 남겨지지 않았다는 사실을 아는 것도 그에 못지않게 중요하다.

예수님은 우리의 마음을 변화시키시고, 죄를 깨닫게 하시며, 구주의 필요성을 보여 주시고, 우리 자신의 뜻에서 돌이켜 예수님을 따라 살 힘을 주시는 성령님을 우리에게 보내 주셨다. 우리는 그분의 도우심이 필요하다. 우리는 자녀들에게 무엇이 필요한지 보여 주고, 그들이 죄와 싸울 때 그들 곁에 서서 어디로 돌이켜야 하는지 보여 주어야 한다. 우리는 결코 홀로 악과 싸울 수 없다.

우리의 도움은 에베소서 6장에 나와 있다. 마귀의 계략에 맞서 싸울 수 있게 하는 하나님의 전신갑주는 단순히 말해 그리스도와 그분이 우리를 위해 행하신 모든 것이다. 전신갑주의 각 부분은 우리를 그분께로 인도한다.

- **구원의 투구**: 우리는 예수님에 의해 구원을 받았다.
- **의의 흉배**: 예수님은 우리를 하나님 앞에서 의롭게 하신다.
- **진리의 허리띠**: 예수님 안에서 우리는 우리가 듣고 있는 거짓말을 식별하고 거기에서 돌아선다.
- **평안의 복음의 신**: 우리의 죄가 용서받고 죽음이 정복되었다는 예수님의 기쁜 소식은 우리를 위한 기쁨의 메시지이다.

이것이 예수님 안에 있는 우리의 정체성이다. 이 정체성이 마귀가 우리를 유혹할 때 우리의 위로, 힘과 확신이다.

전신갑주는 우리를 예수님과 연결하는 가장 중요한 장비인 믿음의 방패로 이어진다. 그리스도를 믿는 믿음은 하나님의 능력을 부모와 자녀의 삶에 가져오며 악한 자의 모든 불화살을 소멸시킨다. 오늘날에도 그 불화살은 하와를 유혹했을 때와 다르지 않다. "하나님은 너희에게 가장 좋은 것을 감추신다", "하나님을 신뢰할 수 없다", "네가 책임을 져야 한다", "너는 혼자다."

그러나 우리는 그런 말들을 듣는 대신, 이런 생각은 지옥의 구렁텅이에서 나온 거짓말임을 분별할 수 있다. 또 자녀들도 그와 같은 거짓말을 있는 그대로 보도록 도울 수 있다. 그런 다음 우리는 믿음으로 하나님께 나아간다. 우리 자신의 자원도, 힘도, 의로움도, 지혜도 아닌 오직 그분의 것에만 의지하며 나아가 굳건히 서도록 성령님께 충만함을 간구할 수 있다.

그 다음으로, 우리는 예수님의 선하심으로 머리부터 발끝까지 감싼 채 공격으로 나아간다. 하나님의 말씀인 성령의 검을 가지고 항상 성령 안에서 기도한다(엡 6:17-18).

우리 부부가 자녀들을 내적이고 외적인 악으로부터 보호할 수 없다는 사실을 처음 깨달았을 때, 우리는 두려워하며 낙담에 빠졌다. 하지만 기도는 우리에게 소망의 문이 되었다. 우리는 하나님의 약속이 우리와 자녀들을 위한 것임을 믿었다. 더 이상 두려워하기를 그치고, 우리가 할 수 없는 일을 성령님이 하실 것을 신뢰했다. 그 덕분에 오직 하나님만이 하실 수 있는 변화라는 짐을 짊어지는 대신 자녀들을 있는 그대로 사랑하게 되었다.

우리는 기도하는 가운데, 하나님의 나라가 정말로 이 세상 나라보다 더 강력한 힘이라는 사실을 발견했다. 우리는 자신이 얼마나 연약한 존재인지 보게 되었지만, 동시에 하나님의 능력을 막을 것이 없음을 알게 되었다. 그분은 우리가 할 수 없는 일을 하셨다. 우리 자녀들의 마음을 바꾸고, 우리의 마음도 변화시키셨다. 나는 지금도 여전히 하나님의 전신갑주를 입고 하나님의 나라가 임하길, 그분의 뜻이 나와 가족에게 이루어지를 기도한다. 세상과 육신, 악한 자와 싸울 때에도 소망을 잃지 않을 수 있는 이유는 우리 안에 계신 이가 세상에 있는 자보다 더 크시기 때문이다(요일 4:4).

활동

하나님의 전신갑주 사용하기

우리는 자신의 삶과 자녀의 삶을 위해 매일 전쟁 중에 있다. 그러므로 하나님이 주신 전신갑주를 사용하는 연습은 도움이 된다. 우리는 하나님의 말씀을 취하고 그것을 믿어야 한다. 그리스도 안에서 우리의 것인 진리, 의, 구원, 평안, 믿음으로 강해져야 한다.

연습을 위해, 다음 사례 연구를 가지고 토론하라. 일반적인 가족이 흔히 범하는 죄들과 싸우기 위해 당신의 가족은 이 '전신갑주'를 어떻게 사용할 수 있을지 나누어 보라.

사례 연구: 차별하는 코치

1. 상황

당신의 자녀는 몇 년 동안 지역 스포츠 팀에서 뛰었고 잘하고 있는 것 같았다. 하지만 올해 팀에 새로운 코치가 왔고, 그는 뚜렷한 이유 없이 당신의 자녀를 좋아하지 않았다. 이에 관해 코치에게 이야기를 해보았지만 그는 잘 들으려고 하지 않았다. 그리고 지난주, 코치는 당신의 자녀를 팀에서 제외시켰다. 당신의 자녀는 팀과 함께 뛸 수 없게 되어 상처를 받았고, 팀에서 제외된 것에 대한 수치심으로 눈물을 흘렸다.

2. 유혹

가족 모두는 코치에게 화가 났다. 당신은 그를 미워하고 싶은 유혹을 받는다. 마음 같아서는 이 일을 다른 사람들에게 말해 코치가 얼마나 나쁜 사람인지 알리고 고통 받게 하고 싶다. 당신은 복수를 위한 다른 아이디어를 생각하며, 코치가 형편없는 시즌을 보내고 일자리를 잃게 되기를 바란다. 예수님이 이웃을 (심지어 원수까지도) 사랑해야 한다고 가르치신 것을 알지만, 코치를 미워하고 싶은 유혹이 너무나 강하다.

3. 싸움

미워하려는 유혹에 초점을 맞추라. 당신은 하나님의 전신갑주를 사용해 증오의 유혹(충분히 이해할 만한)과 어떻게 싸울 수 있는가? 예를 들어,

- **의로움:** 그리스도 안에서 당신이 누리는 의로움은 자녀가 팀에서 제외된 것에 대한 수치심에 어떤 영향을 미칠 수 있는가?

  (예: 그리스도 안에서 우리는 하나님께 받아들여졌으며 하나님의 인정을 누린다. 그분은 우리를 의롭다고 보시며 우리가 그분의 기준에 따라 의롭게 행동하도록 도우신다. 이것은 세상이 우리를 어떻게 보는지, 또 우리가 세상의 기준을 얼마나 잘 충족하는지보다 훨씬 더 의미 있다.)

- **진리:** 그리스도께 속한 것의 유익과 세상적인 유익에 대해, 어떠한 진실을 공부하고 기억하는 것이 도움이 되는가?

- **평안의 복음:** 복음을 통해 얻은 하나님과의 평화는 코치와의 관계에 어떤 영향을 미칠 수 있는가?

- **믿음:** 하나님의 선하심에 대해 무엇을 믿고 신뢰하는 것이 중요한가?

- **구원:** 당신이 받은 구원은 가족이 겪은 부당한 일에 대한 당신의 시각을 어떻게 변화시키는가?

- **하나님의 말씀:** 이런 상황에서 가족과 함께 읽으면 좋은 성경 구절은 무엇인가? 그 이유는 무엇인가?

- **기도:** 어떤 내용의 기도가 특별히 도움이 되겠는가?

The Gospel-Centered Parent

10과 인내와 소망

큰 그림 그리기 매일, 매해, 평생에 걸쳐 자녀 양육에 대한 압박과 걱정은 우리를 지치게 하거나 심지어 절망으로 몰아갈 수 있다. 자녀 양육에 있어 우리의 가장 중요한 임무 가운데 하나는 단지 포기하지 않는 것이다. 자신의 자녀 양육이 완전히 실패한 것처럼 보일 때가 있을 것이다. 심지어 하나님을 신뢰하고 있을 때조차 하나님이 상황을 온전케 하시기를 기다리는 일이 견디기 힘들 때가 있다. 그럴 때 하나님은 좌절(심지어 하나님에 대한 좌절감까지) 가운데 있는 우리를 초대하셔서 그분께 나아와 하나님의 약속을 새롭게 듣게 하신다. 하나님이 나를 버리셨다는 느낌보다 더 영혼을 쓰라리게 찌르는 것은 없지만, 또한 그분이 나를 사랑하신다는 것을 다시 기억하는 것만큼 달콤한 소망을 회복시키는 것도 없다.

성경 이야기
- 시편 13편

읽을거리

여호와여 어느 때까지니이까?

우리 딸 바바라는 열여덟 살 때 신앙과 가족을 떠났다. 5년 후, 딸은 돌아와 몇 달을 지냈지만, 하나님과 우리로부터 멀어지려는 그녀의 여정은 끝나지 않았다. 우리는 그녀의 언니가 바바라를 생각하며 만든 "여호와여 어느 때까지니이까?"(시 13:1)라고 쓰인 소박한 천 배너를 딸의 방에 그대로 두었다. 바바라가 집에 왔을 때 그것을 보고는 이리저리 눈을 굴리더니 곧 또 다른 남자와 살기 위해 나갔다. 나와 남편은 서로를 바라보면서 "하나님, 언제까지시입니까?"라고 물을 수밖에 없었다.

"여호와여 어느 때까지니이까?"라는 물음은 자녀 양육이란 여정 내내 묻게 되는 질문일 수 있다. 우리는 다음과 같은 것들을 궁금해한다.

- 아이가 밤새 잠을 잘 자려면 언제까지 기다려야 하나요?
- 아이가 "안 돼."라는 말을 듣고 그 말에 실제로 순종하기까지는 얼마나 걸릴까요?
- 청소년인 자녀가 더 나은 선택을 하기까지 얼마나 걸릴까요?

• _____까지 얼마나 걸릴까요?

(여러분 자신이 "여호와여 어느 때까지니이까?"라고 묻고 싶은 것을 빈칸에 채워 보라.)

이 목록은 계속될 수 있다. 양육이란 여정의 어느 단계에서든(물론 그 여정은 결코 끝나지 않는다!) 우리는 자녀들의 어려움 때문에 낙담할 수 있고, 당연하게도 소망을 잃고 포기하고 싶은 유혹에 빠질 수 있다. 단테의 고전인 『신곡』(Inferno)을 보면, 지옥의 입구에 "여기 들어오는 자여, 모든 소망을 버리라!"는 유명한 문구가 적혀 있다. 그가 정의한 지옥은 소망이 없는 세상이다. 이 말은 자녀 양육에도 적용될 수 있다. 자녀 양육을 하며 겪는 오르막 내리막을 소망 없이 인내하며 견딘다면, 그저 기쁨 없는 고행이 될 뿐이다.

그렇다면 자녀가 어려움을 겪고 있을 때, 부모인 당신은 무엇에 소망을 두는가? 부모로서 우리가 정말로 원하는 것은 자녀가 안전하고, 건강하고, 행복하며, 결실을 맺고 성공할 것이라는 확신이다. 우리는 하나님이 그것을 약속해 주시기를 원한다! 하지만 하나님은 그보다 훨씬 더 좋은 것을 약속하신다. 바로 그분의 임재이다. 예수님은 임마누엘, 곧 '우리와 함께하신 하나님'으로 이 땅에 오셨다. 하나님 자신이 친히 이 땅에 오셔서 우리와 같이 슬픔과 고난, 유혹을 함께 겪으셨고, 그러고 나서 우리를 죄와 사망에서 구원하기 위해 십자가에 달려 죽으셨다.

예수님이 죽음에서 부활하고 승천하셨을 때, 그분은 우리를 고아처럼 홀로 인생을 직면하도록 내버려 두지 않으셨다. 예수님은 우리가 그분 없이는 소망 중에 인내할 수 없음을 아셨다. 그래서 우리에게 성령님을 보내 주겠다고 약속하셨다. "내가 아버지께 구하겠으니 그가 또 다른 보혜사를 너희에게 주사 영원토록 너희와 함께 있게 하리니 그는 진리의 영이라"(요 14:16-17). 하나님의 영이 우리를 채우시면 하나님의 사랑에 대한 확신이 우리 마음에 부어져서 자녀들의 어려움에도 불구하고 소망으로 가득해진다(롬 5:5).

- 성령님은 우리가 자신의 죄와 자녀의 죄를 볼 때 절망으로 반응하지 않도록, 하나님은 자비롭고 우리를 용서하시며 우리에게 선하신 분임을 상기시켜 주신다(시 103:8-18).
- 성령님은 우리가 가족에게 어려운 상황이 닥쳤을 때 두려움에 압도되지 않도록, 가장 힘든 일도 선을 이루시는 하나님의 계획 안에 있다고 상기시켜 주신다(롬 8:28).
- 성령님은 우리가 자녀에게 합당하지 않은 부모라는 생각의 유혹을 받을 때, 자녀에게 하나님을 알게 할 부모로 하나님이 친히 우리를 택하셨음을 상기시켜 주신다(행 17:26-27).
- 성령님은 우리가 자녀들이 결코 하나님께로 돌아오지 않을 것이라는 생각의 유혹을 받을 때, 하나님이 우리 가정 안에서 그리고 가정을 통해 일하고 계신다는 사실을 상기시켜 주신다(행 11:14; 16:31).
- 성령님은 우리가 하나님이 우리와 자녀들을 포기하신 것은 아닌지 두려워할 때, 그 무엇도 우리를 하나님의 사랑에서 끊을 수 없음을 상기시켜 주신다(롬 8:35-39).

이와 같은 것들이 우리가 자녀들을 위해 구하는 약속들이다. 우리는 성령님이 우리가 할 수 없는 일(자녀들의 마음을 하나님의 사랑으로 채우고 그들의 마음을 믿음으로 돌이키는)을 해주시기를 간구한다. 때때로 우리는 자녀를 위해 정확히 무엇을 기도해야 할지 모른다. 그러나 성령님은 우리의 기도를 받으셔서 우리와 함께, 그리고 우리를 위해 기도하시며, 우리의 기도가 하늘에 계신 우리 아버지의 보좌 앞에 드려지도록 친히 가져가신다. 자녀를 위해 기도하기에 당신이 너무 약하다고 느끼는가? "성령도 우리의 연약함을 도우시나니 우리는 마땅히 기도할 바를 알지 못하나 오직 성령이 말할 수 없는 탄식으로 우리를 위하여 친히 간구하시느니라"(롬 8:26)는 말씀을 기억하라. 이 얼마나 위대한 교환인가! 우리는 우리의 연약함을 가져가고 성령님은 우리를 위해 간구하신다.

우리가 바바라의 방에 그 배너를 걸어둔 것은 그녀의 변화를 바라서가 아니었다(사실 돌이켜보면 바바라의 눈에 띄는 곳에 걸어 둔 것은 최선의 전략이 아니었다). 하지만 그것은 그녀를 향한 우리 가족의 걱정에서 비롯된 하나님께 드리는 정직한 부르짖음이었다. 믿음의 답변을 구하며, 시작부터 끝을 아시는 분께 드리는 인생의 정직한 질문이었다.

성경의 마지막 부분을 보면, 임마누엘로 우리와 함께하기 위해 오셨고 우리에게 성령님을 보내신 바로 그 예수님이 "어느 때까지니이까?"라는 질문에 대한 답을 주신다. 그분은 우리에게 "내가 진실로 속히 오리라"(계 22:20)고 말씀하신다. 이 말씀은 우리가 계획한 대로 일이 잘 되리라는 보장이 아니다. 하지만 "내가 세상 끝날까지 너희와 항상 함께 있으리라"(마 28:20)는 말씀과 함께 볼 때 이는 가장 위대하고 귀한 약속의 말씀이 된다. 믿음으로 하나님께 돌이키면, 언제나 뒤돌아볼 때마다 하나님이 모든 양육의 오르막 내리막에서 우리와 함께하셨다고 말할 수 있다. 그리고 앞을 내다볼 때마다 언젠가 (머지 않아) 하나님이 우리의 좌절을 끝내고 우리를 안전하게 본향으로 데려가실 거라는 사실을 알게 된다. 그때가 되면 하나님이 어떻게 모든 것을 합력하여 선을 이루셨는지, 그분을 사랑하고 그분의 뜻대로 부르심을 받은 자들에게 어떻게 선을 이루셨는지 분명히 보게 될 것이다(롬 8:28).

활동

매일의 소망

이 책의 몇몇 과를 읽으며 당신은 "여호와여 어느 때까지니이까?"라는 생각이 들었을 수 있다. 자녀가 겪는 어려움에 대해서나, 복음 중심적인 부모로 얼마나 더 성장해야 하는지에 대해 그와 같은 생각을 했을 수 있다. 어느 경우든, "여호와여 어느 때까지니이까?"라는 물음은 믿음으로 하는 좋은 외침이다. 당신이 자녀 문제와 양육에 대한 응답과 도움을 구하기 위해 하나님께 돌이키고 있다는 뜻이기 때문이다.

지금까지 공부한 내용을 보며, 우리가 하나님께 어떤 도움을 구하며 부르짖게 될지, 또 하나님이 어떤 소망의 약속을 주시는지 주목하라. 그 가운데 한두 개의 과를 골라 당신에게 특별한 의미가 있거나 눈을 뜨게 한 것이 무엇인지 말해 보라. 당신은 그와 같은 어려움이나 소망에 대해 어떻게 하면 다윗처럼 계속해서 기도할 수 있겠는가?

1과 가정을 세우실 하나님을 신뢰하기

"여호와여, 저는 불안을 내려놓고 가족을 지나치게 통제하려 들지 않으면서, 가정을 돌보시는 당신 안에서 쉬고 싶습니다. 어느 때까지니이까?"

소망
하나님 아버지는 당신의 가정을 보호하실 뿐만 아니라 당신에게 믿음을 주신다. "그러므로 여호와께서 그의 사랑하시는 자에게는 잠을 주시는도다"(시 127:2).

나는 계속해서 _____을 위해 기도하겠다.

2과 날마다 회개하는 부모

"여호와여, 자녀들 앞에서 공개적으로 회개하는 것이 여전히 두렵습니다. 어느 때까지니이까?"

소망

회개는 멋진 일이며 자녀들에게 예수님의 가치를 보여 주는 것이다. "하나님이여 내 속에 정한 마음을 창조하시고 내 안에 정직한 영을 새롭게 하소서 … 그리하면 내가 범죄자에게 주의 도를 가르치리니 죄인들이 주께 돌아오리이다"(시 51:10, 13).

나는 계속해서 _____을 위해 기도하겠다.

3과 '삶의 여정'에서 자녀를 가르치기

"여호와여, 자녀들과 당신의 말씀을 나누는 것이 여전히 어렵고 압박감을 느낍니다. 어느 때까지니이까?"

소망

공식은 없다. 오히려 자연스럽게 가르칠 기회가 있는 평생의 삶이 주어졌다. "집에 앉았을 때에든지 길을 갈 때에든지 이 말씀을 강론할 것이며"(신 6:7).

나는 계속해서 _____을 위해 기도하겠다.

4과 좌절이 아닌 믿음으로 훈육하기

"여호와여, 자녀의 불순종과 그에 대한 분노, 분개 또는 수치심으로 반응하는 것이, 어느 때까지니이까?"

소망

복음은 치유한다. 복음은 질서나 존중받고자 하는 필요가 아닌 사랑으로 (당신이 사랑받았기에!) 행동하도록 우리를 훈련시킨다. "우리가 사랑함은 그가 먼저 우리를 사랑하셨음이라"(요일 4:19).

나는 계속해서 _____을 위해 기도하겠다.

5과 기도로 양육하기

"여호와여, 저는 기도를 사랑하며 기쁨으로 하나님께 '당신의 뜻이 이루어지이다'라고 간구하는 부모가 되고 싶습니다. 어느 때까지니이까?"

소망

기도는 하나님이 당신에게 지운 짐이 아니라 당신에게 복 주시기 위한 그분의 열심의 일부이다. "여호와께서는 자기에게 간구하는 모든 자 곧 진실하게 간구하는 모든 자에게 가까이 하시는도다"(시 145:18).

나는 계속해서 _____을 위해 기도하겠다.

6과 자녀가 부모를 실망시킬 때

"여호와여, 제 아이가 왜 이렇게 살게 되는 것입니까? 저는 무엇을 해야 할지 전혀 모르겠습니다. 어느 때까지니이까?"

소망

하나님은 (당신도 한때 그랬던 것처럼!) 길을 잃고 방황하는 자녀들에게 많은 관심을 지닌 자상한 아버지이시다. "내 긍휼이 뜨거워져 내 마음이 불붙 듯 하는도다"(참조. 호 11:8).

나는 계속해서 _____을 위해 기도하겠다.

7과 하나님 나라를 향한 모험

"여호와여, 자유롭게 당신의 나라를 위해 살 수 있는 날은 언제입니까? 저는 아이들을 모든 활동에 데려다주는 것만으로도 벅찹니다. 어느 때까지니이까?"

소망

왕을 믿는 법을 배우는 동안 하나님 나라를 섬기는 일도 사랑하게 된다. "오직 너희를 위하여 보물을 하늘에 쌓아 두라 거기는 좀이나 동록이 해하지 못하며 도둑이 구멍을 뚫지도 못하고 도둑질도 못하느니라"(마 6:20).

나는 계속해서 _____을 위해 기도하겠다.

8과 가족과 함께 고난을 헤쳐 나가기

"여호와여, 이 고난 가운데 제가 느끼는 참담한 슬픔은 말로 다 표현할 수 없습니다. 어느 때까지니이까?"

소망

예수님은 당신이 고난 중에 있을 때 함께 계시며 긍휼이 가득한 마음으로 당신을 위한 선한 일을 계획하고 계신다. "그러나 이 모든 일에 우리를 사랑하시는 이로 말미암아 우리가 넉넉히 이기느니라"(롬 8:37).

나는 계속해서 _____을 위해 기도하겠다.

9과 영적 전쟁과 가족

"여호와여, 언제까지 유혹이 도처에 있을 것입니까? 우리는 그것들과 싸우는 데 지쳤습니다. 어느 때까지니이까?"

소망

예수님 안에서 우리는 마귀의 계략에 맞서 싸울 수 있는 하나님의 전신갑주를 가지고 있다. "끝으로 너희가 주 안에서와 그 힘의 능력으로 강건하여지고"(엡 6:10).

나는 계속해서 _____을 위해 기도하겠다.

결론: 자녀에게 은혜의 복음을 가르쳐야 하는 15가지 이유

자녀를 양육할 때, 무엇보다 자신이 먼저 복음을 믿고 그 복음을 자녀들에게 가르쳐야 한다는 생각은 여전히 이상하게 느껴질 수 있다. 특히 자녀를 훈련할 때 당신은 "하지만 하나님께 순종하라고 아이들에게 가르쳐야 하지 않나요?"라고 의문을 품을 수 있다.

물론, 그래야 한다. 하나님께 순종하는 것은 명령이자 크나큰 기쁨이다. 그런 이유로 당신은 절대적으로 자녀들에게 순종을 가르치기 원할 것이다. 하지만 무엇보다도 먼저 자녀를 복음으로 훈련시켜야 한다. 그것이 기본이다.

때때로 부모들은 복음을 우선하면(특히 그리스도 안에서 우리가 이미 받은 절대적인 용서와 의를 강조하면), 자칫 자녀들이 하나님께 순종하는 일을 중요하게 생각하지 않을까 봐 염려한다. 혹은 하나님의 사랑을 이야기하며 그들의 하나님에 대한 사랑을 키우려는 전략이, 자녀들로 하여금 자신이 원할 때에만 하나님께 순종하면 된다고 생각하게 만들까 봐 걱정한다. 부모는 이 모든 것이 느슨한 순종으로 이어질까 봐 두렵다.

걱정할 필요는 없다. 성령님이 복음을 사용하신다. 복음을 가르치는 것, 곧 그들 마음의 동기를 가르치는 일은 단순히 순종하라고 말하는 것보다 더 자녀가 하나님께 순종하게 하는 데 실제로 훨씬 큰 도움이 된다. 이제, 당신을 격려하기 위해 왜 복음을 가르치는 것이 더 나은지 15가지 이유를 소개하려 한다. 이 목록은 **서지**의 또 다른 자원이며, 잭 클럼펜하우어가 쓴 『주일학교에서 오직 복음을 전하라』(Show Them Jesus)에 있는 목록에서 발췌했다.

1. 자녀의 마음이 복음에 있지 않다면, 우리가 무엇을 하더라도 자녀들은 하나님의 가장 중요한 율법에 순종하지 않을 것이다.

가장 크고 첫째 되는 계명은 "네 마음을 다하고 목숨을 다하고 뜻을 다하여 주 너의 하나님을 사랑하라"(마 22:37)이다. 그러므로 복음의 가르침이 순종에 대해 느슨하게 가르친다고 걱정하지 말라. 자녀들이 부담감이 아닌 진심으로 감사하는 마음에서 기꺼이 순종하도록 돕는다면, 당신은 실제로 하나님의 계명에 대해 매우 진지하게 가르치는 것이다. 이는 하나님이 정한 기준까지 오히려 기준을 높이는 것이다.

2. 예수님을 믿는 믿음에서 비롯되지 않은 선행은 실제로 선하지 않다.

"믿음을 따라 하지 아니하는 것은 다 죄니라"(롬 14:23), "믿음이 없이는 하나님을 기쁘시게 하지 못하나니"(히 11:6)라고 말씀할 정도로 믿음은 너무나 중심적인 요소이다. 자녀들이 예수님 안에서 누리는 은혜로운 복에 관해 배우고 그것을 믿을 때, 그들은 참된 순종을 위한 필수적인 토대를 놓는 것이다.

3. 사랑에 근거한 순종은 자녀가 현재 느끼는 감정을 극복하는 데 도움이 된다.

사랑에서 우러나온 순종은 감정에 좌우되는 우유부단한 순종이 아니다. 물론 자녀들이 하나님께 순종하고 싶지 않을 때도 있을 것이다. 그러나 그들이 하나님을 사랑한다면, 유혹과 복잡한 감정 속에서도 꾸준히 그분께 순종하려는 근본적인 열망을 갖게 된다. 그것이 바로 사랑의 본질이다.

4. 하나님의 백성이 은혜를 핑계 삼아 죄를 지을지 모른다는 우려는 구원과 은혜에 대해 너무나도 작은 관점을 반영하는 것이다.

단지 하나님이 우리를 값없이 용서해 주신다는 것만 가르친다면, 자녀들은 은혜가 있으니 얼마든지 죄를 지어도 된다고 생각하게 될 수 있다.

하지만 우리가 가르칠 구원에는 "거룩한 부르심"(참조. 딤후 1:9)과 "하늘에 쌓아둔 소망"(골 1:5)이 포함되어 있다. 이러한 큰 은혜에 사로잡힌 자녀들은 천국의 거룩함을 맛보며 지금부터 천국에 속한 거룩한 사람으로 살고 싶은 갈망을 갖게 된다.

5. 은혜가 있으니 죄를 지어도 된다고 생각하는 것은 거듭난 사람들의 사고방식이 아니다.

"얼마나 많이 봐줄까?"라고 묻는 태도는 이전의 세속적인 삶에 속한 것이다(참조. 롬 6:1-14). 그리스도 안에서 우리는 그와 같은 이기적인 동기로부터 자유로워졌으므로, 은혜에 관한 이야기를 피하는 식으로 그런 생각에 굴복해서는 안 된다. 만약 당신의 자녀가 그저 처벌을 피하려는 동기로 살아간다면, 그들은 최소한으로 해야 할 일만 행할 것이다. 그리스도를 향한 사랑의 동기를 심어 준다면 그들은 할 수 있는 최선을 다할 것이다.

6. 복음을 믿는 것에서 시작하는 전략은 표면적인 죄를 넘어 전인적인 순종을 바라본다.

자녀에게 있는 하나님을 향한 근본적인 불신과 냉담함을 다루지 않는다면, 그들이 시도하는 죄와의 싸움은 그것이 무엇이든 형편없는 전략이 될 것이다. 자신의 마음을 무시해서는 어디에도 이르지 못한다. "선한 사람은 마음에 쌓은 선에서 선을 내고 악한 자는 그 쌓은 악에서 악을 내나니 이는 마음에 가득한 것을 입으로 말"(눅 6:45)하기 때문이다.

7. 하나님을 향한 사랑이 없이는 경건한 삶을 일관되게 지향할 수 없다.

자녀들은 기분 좋은 날이나 부모가 지켜보고 있을 때에는, 의지를 가지고 이런저런 죄에 대해 저항할 수 있을 것이다. 하지만 대부분의 경우 결국에는 자신이 사랑하는 것을 섬기려는 그들의 마음이 이긴다. 하나님을 향한 더 큰 사랑이 죄를 향한 사랑을 이길 때에만 자녀들은 일관된 순종을 하게 된다(요일 2:15).

8. 자녀들은 하나님이 자신을 얼마나 기뻐하시는지 확신하지 못한다면 진정으로 하나님께 순종할 수 없다.

만약 하나님이 자신을 영원히 변함없이 사랑하신다는 사실을 자녀들이 확신하지 못한다면, 그들이 하나님을 위해 하는 모든 행동은 단지 하나님을 감동시켜서 그분의 사랑을 얻거나 지키기 위한 전략일 뿐이다. 그것은 조종이지 순종이 아니다.

9. 예수님과 그분의 은혜에 초점을 맞추면 하나님의 계명이 불필요한 것이 아니라, 오히려 얼마나 절실하고 아름다운지 보게 된다.

예수님의 모든 구원 사역, 특히 죄를 위한 그분의 희생은 우리에게 사랑의 빚을 더하고, 더욱 감사하게 하며, 죄가 얼마나 악하고 위험한지, 하나님의 율법과 사랑은 얼마나 순결한지 가차 없이 명확하게 보여 준다. 아이들에게 예수님을 보여 주는 것은 어느 것도 약화시키지 않는다. 오히려 모든 것을 선명하게 한다.

10. 예수님께 속해 있다는 확신만이 하나님의 율법이 하는 완전한 요구에 직면할 용기를 줄 것이다.

예수님과 하나님의 율법에 관한 모든 사실 가운데 가장 좋은 점은 예수님이 율법을 지키셨다는 것이다. 그분과 연합된 우리는 영원히 안전하다. 이 확신이 없다면 당신의 자녀는 하나님의 규칙을 덜 엄격한 것으로 재해석하여 관리 가능한 정도로 만들 것이다. 그리스도 안에서 두려움 없이 그 요구를 직면할 충분한 확신을 갖지 못한다면(비록 그 싸움의 과정이 고통스러울 정도로 더디다는 것을 알면서도), 자녀들은 늘 하나님의 특정한 어떤 요구는 회피할 것이다.

11. 은혜를 알면 절망에 빠지지 않고 하나님의 계명에 진지하게 임할 수 있다.

만약 은혜를 가르치지 못한 상태에서 순종을 너무 강하게 밀어붙인다면, 자녀들은 너무 낙담하거나 교만에 빠질 수 있다. 하지만 자녀가 이미 하나님의 은혜를 확신하고 있다면, 훨씬 더 강하게 순종을 장려할 수 있다. 순종에 대해 강하게 가르치더라도 절망하거나 자기 의에 빠지리라는 걱정을 덜 할 수 있다.

12. 은혜를 알면 자녀는 겸손해진다.

은혜는 자신이 가진 모든 것을 하나님께 빚지고 있다는 사실을 가르친다. 은혜에 흠뻑 젖은 아이들은 겸손한 아이가 되고, 겸손한 사람들은 기쁨으로 순종한다.

13. 은혜를 알면 자녀들이 자신감을 갖는다.

자신이 얼마나 잘하는지에 기초한 삶은 죄책감과 약한 자아상으로 이어지지만, 은혜로 예수님과 연합된 사실에 기초한 삶은 '그리스도 안에 있는' 강력한 자아상으로 이어진다. 그리스도를 자아상의 기초로 삼은 아이들은 그분처럼 살기를 원하며, 예수님이 그렇게 살 수 있도록 도와주실 것을 확실히 신뢰한다.

14. 은혜를 알면 자녀는 예배를 드리게 된다.

그리스도인의 예배는 예수님이 누구신가에 대한 반응이며 그분이 우리를 위해 하신 모든 일에 대한 응답이다. 또한 하나님의 뜻을 행하는 것은 "영적 예배"(롬 12:1-2)이다. 은혜로 가득 찬 아이들은 자신의 행동을 자랑하기보다는 예수님을 기뻐하며, 그 예배로부터 흘러나오는 모습을 보인다.

15. 하나님은 순종의 동기를 부여하기 위해 그분의 인자하심을 사용하신다.

로마서에서 바울은, 하나님의 용서가 쉽게 이루어진다는 생각에 자신의 죄를 가볍게 여기는 사람들에 대해 직접적으로 언급한다. 그러나 은혜를 가르치기를 멈추는 것이 해결책은 아니라고 말하며, 그 대신 은혜는 정반대의 효과를 가져오도록 계획되었다고 설명한다. "혹 네가 하나님의 인자하심이 너를 인도하여 회개하게 하심을 알지 못하여 그의 인자하심과 용납하심과 길이 참으심이 풍성함을 멸시하느냐"(롬 2:4). 하나님의 인자하심은 제대로 이해될 때 우리를 회개로 이끈다. 십자가의 긍휼을 통해 주님의 사랑이 얼마나 풍성하게 다가왔는지 자녀들이 알게 된다면 주님처럼 죄를 미워하게 될 것이다.

지금쯤이면 아마도 이 모든 요점이 당신에게도 적용된다는 사실을 눈치챘을 것이다. 예수님을 바라보고 그분의 은혜 안에서 안식할 때, 당신은 복음 중심적인 부모가 될 뿐 아니라 하나님 중심의 사람이 된다. 이 교재가 당신을 그와 같은 길로 인도하는 데 도움이 되기를 바란다. 우리 모두의 가정이 구주를 신뢰하며 그분 곁으로 더욱 가까이 나아가기를 소망한다.

복음 중심 부모
인도자 가이드

인도자 가이드

『복음 중심 부모』 소그룹 스터디는 부모가 가정생활 가운데 예수님에 대한 믿음을 실천하도록 돕기 위해 기획되었다. 모든 부모가 알듯이 이는 어려운 일이지만, 하나님과 함께라면 불가능한 일이란 없다! 그분은 우리가 부모로서 부름 받은 모든 일, 다시 말해 자녀 앞에서 믿음으로 살며, 자녀와 믿음을 나누고, 자녀를 믿음으로 부르는 일을 하도록 도와주신다.

소그룹 리더로서, 당신은 소그룹을 인도하기 전에 한 번, 그리고 소그룹 모임을 하며 두 번, 교재를 살펴볼 추가적인 특권을 갖게 된다. 하나님의 은혜로, 소그룹과 함께 나누는 복음의 진리들이 당신의 삶과 가정생활에도 깊이 스며들 것이다.

각 과는 모든 내용을 마치는 데 한 시간이 조금 넘게 걸리도록 구성되었다. 소그룹에 여유 시간이 있는 경우, 토론과 활동 순서에 조금 더 시간을 할애할 수 있다. 토론이 한 시간 이상 지속되기 쉬우므로 그에 맞게 계획을 세우고 소그룹이 약속한 시간을 꼭 지키도록 하라.

각 소그룹 학습자는 교재를 구비하여 읽을거리와 활동에 참여할 수 있어야 한다. 외부 과제는 따로 없지만, 학습자는 집에서 내용을 살펴보고 미리 생각하며 기도하고 싶을 수도 있다.

소그룹을 이끄는 데 필요한 모든 것은 본문 내용과 인도자 가이드 그리고 질문 아래에 제시된 답변에 포함되어 있다. 당신이 소그룹을 위해 할 수 있는 한 가지는 자신이 양육을 하며 겪은 어려움과, 복음을 자녀 양육에 적용하면서 받은 도전 및 위로, 격려 등을 앞장서서 나누는 것이다. 또한 소그룹과 함께 그리고 그들을 위해 기도하기를 잊지 말라! 성령님은 우리가 구할 때 도우신다. 마지막으로, 하나님이 그분의 백성 가운데 역사하시는 것을 지켜보는 즐거움을 누리라(당신을 포함해서!).

1과 가정을 세우실 하나님을 **신뢰하기**

큰 그림 그리기 복음 중심적인 부모의 핵심은 하나님에 대한 믿음이다. 우리가 행하는 모든 일은 이 믿음에서 비롯된다. 우리는 자녀 양육을 제대로 수행해야 할 과제로 여기기 쉽다. 자녀의 성품, 능력, 외모, 성공적인 학업, 예수님을 신실하게 믿는 신앙마저도 부모 자신의 성취에 대한 평가로 보기가 너무나 쉽다. 그러나 진실은 하나님이 집을 세우신다는 것이다. 부모로서 우리가 하는 어떤 일도 우리가 겸손해지는 것보다 더 중요하지 않다. 즉 우리 자신이 아닌 당신의 가족에 복 주시는 주님께 우리의 신뢰를 돌리는 것이다. 그럴 때 하나님의 도우심으로 염려, 두려움, 분노, 통제, 비난 등 모든 부모를 잠 못 이루게 하는 죄에 대해 저항할 수 있다.

수업 개요

1. 성경 이야기 – 본문 읽고 이야기 나누기(15분)
2. 읽을거리 – '여호와께서 집을 세우지 아니하시면' 함께 읽기(10분)
3. 토론 – 개념 확장하기(15분)
4. 활동 – 개념 적용하기(20분)
5. 마무리 및 기도 – 결론과 기도(10분)

1. 성경 이야기 (15분)

도입

"시편 127편에서 솔로몬은 가정과 공동체의 안전 그리고 번영에 대해 이야기합니다. 이 시편은 우리가 자주 스스로에게 던지는 질문을 다루고 있습니다. 바로 '우리 가족은 괜찮을까?'라는 질문입니다."

읽기

"한 분이 시편 127편을 소리 내어 읽어 주세요."

질문

"본문은 집을 짓는 데는 기술이 중요하고, 파수꾼에게는 깨어 있는 성실함이 중요하다고 합니다. 그렇다면 가족을 온전히 세우기 위해 진정으로 중요한 것은 무엇일까요?"

오직 하나님만이 성공을 주신다는 것을 학습자들이 깨닫게 하라. 그분이 주시는 복 없이는 다른 모든 노력이 헛될 뿐이다. 그런데 이 말이 부모가 게으르거나 소홀해도 된다는 뜻은 아니다. 자녀를 양육하는 부모의 첫 번째 일은 하나님의 선하심을 신뢰하는 것이라는 뜻이다. 부모의 주된 일은 평범하고 일상적인 자녀 양육 가운데서 날마다 하나님께 돌이키고 그분을 신뢰하는 것이다.

"오래전, 한 신학자는 시편 127편을 요약하며 '가정의 질서와 성공은 오직 하나님의 복으로 이루어지는 것이지 사람의 규칙이나 성실과 지혜로 이루어지는 것이 아니다.'라고 했습니다. 성공적인 가정을 이루기 위해 여러분이 하나님보다 더 신뢰하게 되는 것이 있나요?"

자신만의 규칙, 성실함, 지혜 등. 양육이란 모험의 실제 사례와 이야기를 나누라.

"2절부터 이어지는 묘사를 볼 때, 하나님을 신뢰하는 부모의 자질과 '내가 모든 것을 해야 한다.'고 생각하는 부모의 기질은 어떻게 다른가요?"

자신을 신뢰하는 부모는 걱정과 완벽주의로 자신을 지치게 한다. 이는 다음으로 이어질 수 있다.

- 과잉보호와 통제하려는 행동
- 분노와 비난
- 무관심(실패할 수 있으니 관여하지 않으려 함)
- 두려움과 불안
- 불만족

믿음의 부모는 담대함과 평안한 마음으로 자녀 양육에 임할 수 있다. 심지어 때때로 실패하더라도 잠들 수 있다.

"자녀가 많다는 것은 그만큼 부모에게 많은 좌절을 안겨 준다고 여겨질 수도 있습니다. 그럼에도 솔로몬은 자녀가 많은 것이 복이라고 말합니다. 그렇게 말할 수 있었던 이유는 무엇이라고 생각하나요? '하나님이 집을 세우신다'는 사실을 신뢰할 때, 자녀가 한 명일 때에도 겪을 수밖에 없는 좌절감을 어떻게 잘 감당할 수 있을까요?"

하나님이 집을 세우신다고 믿는 부모는 자녀 양육 중에 일상적으로 일어나는 좌절에 지치지 않는다. 그들은 모든 것을 고치거나 바로잡아야 한다는 부담을 지지 않아도 된다는 사실을 안다. 그것은 하나님의 일이다. 또한 양육은 자신의 평판이 아닌 하나님의 명예가 걸린 일이라는 사실을 깨닫는다.

전환하기

"집을 세우시는 하나님을 신뢰하는 부모가 되기란, 쉬운 일도 '자연스러운' 일도 전혀 아닙니다. 다음 읽을거리에서 저자인 로즈 마리는 하나님이 어떻게 양육에 관한 믿음을 길러 주셨는지, 그리고 그것이 그녀의 가족에게 어떤 큰 변화를 가져왔는지 이야기합니다."

2. 읽을거리 (10분)

읽기

"한 사람씩 문단마다 돌아가며 소리 내어 읽어 봅시다."

3. 토론 (15분)

질문

"로즈 마리가 초기에 보였던 자녀 양육의 모습과 여러분 자신의 가족을 생각할 때 어떤 부분이 친숙하게 다가오나요? 개인적인 예를 나누어 봅시다."

"하나님을 더욱 신뢰한다면 우리의 자녀 양육은 어떻게 달라질까요? 하나님을 믿는 믿음을 실천하기 위해 부모로서 무엇을 하거나 혹은 무엇을 하지 않을 수 있을까요?"

'믿음'과 '행함'의 관계는 까다로울 수 있다. 하지만 어떤 종류의 행함은 본질적으로 신뢰와 믿음으로 가득하다. 예를 들어, 더 많이 기도하기, 죄를 인정하기, 규칙을 강요하는 대신 예수님에 관해 자녀에게 말하기, 또는 하나님의 사랑에 감사하기 등이다. 이들은 예수님의 은혜와 우리를 위해 죽으신 예수님을 순간순간 의지하는 여러 방법 중 하나이다.

"예수님 안에서 부모인 자신이 완전히 용서받았다는 사실을 (단순히 교리로 아는 것이 아니라) 깊이 믿는 것은 왜 중요한가요?"

좋은 점으로는 다음이 있다.

- 용서를 알면, 성과에 대한 불안이나 양육에 대한 '자책'에서 자유로워지고, 그 대신 은혜 안에서 안식하는 법을 배우게 된다.
- 용서를 알면, 겸손해져서 분노, 비난, 불만 등을 내려놓는 데 도움이 된다.
- 용서를 알면, 자녀의 행동에 대해 잔소리하는 대신 안에서부터 우러나는 마음으로 자녀들에게 예수님에 대해 가르칠 수 있다.

다른 좋은 내용들이 많지만, 일일이 다 언급할 필요는 없다(그렇게 하면 너무 오래 걸릴 것이다!). 다만, 앞으로 나누게 될 복음을 믿는 복에 대한 열망이 생기도록 하라.

4. 활동 (20분)

> 활동을 하며 정죄감을 느끼게 된다면, 그것이 자기혐오나 방어로 이어지지 않고 기도로 이어지게 하라. 그리스도인은 우리를 기꺼이 도울 준비가 되신 하나님 아버지께 믿음으로 나아갈 수 있다. 또한 기도는 부모가 복음 중심적으로 성장하고 있다는 주요한 신호 중 하나이다.

5. 마무리 및 기도 (10분)

전환하기

"우리가 방금 살펴본 것과 같은 활동은 때때로 우리에게 죄책감을 불러일으킵니다. 우리는 하나님이 집을 세우신다는 사실을 기억하며 이러한 죄책감에 저항해야 합니다. 하나님 아버지께서는 우리가 연약하고 죄가 많다는 것을 아십니다. 그럼에도 우리를 사랑하시며, 우리를 돕기 위해 성령님을 보내 주셨습니다. 하나님은 우리 가족에게 복을 주시는 분입니다. 또한 믿음을 주시는 분입니다! 복음 중심적인 부모에 관해 알 때 우리는 아직 그 모습에 합당하게 살지 못하더라도 격려를 얻을 수 있습니다. 왜냐하면 이것은 오직 하나님의 도우심으로만 가능한 일이기 때문입니다. 앞으로 이어질 수업에서 이 주제에 대해 더 자세히 탐구하게 될 것입니다. 지금은 우리의 가족을 위해 함께 기도하는 것으로, 믿음으로 충만한 자녀 양육을 시작해 봅시다."

하나님이 우리를 복음 중심적인 부모로 세워 주시기를 구하는 기도를 포함하라.

2과 날마다 **회개하는 부모**

큰 그림 그리기 회개는 죄에 대한 슬픔으로 죄에서 돌이키는 것이다. 이를 통해 믿음으로 하나님께 나아가고 그분과 동행하는 삶으로 나아간다. 회개는 성령님의 역사로 우리가 매일 실천하는 내적인 깨어짐과 변화이다. 많은 부모가 자녀에게 회개가 얼마나 중요한지 정확하게 말할 수는 있지만, 정작 부모 자신에게 지속적인 회개가 필요하다는 사실에는 충분한 주의를 기울이지 않는다. 심지어 우리가 죄와 싸울 때조차 우리가 실제로 얼마나 큰 죄인인지 자녀들이 알지 못하도록, 죄와 씨름하는 우리의 가장 깊은 고충을 숨기는 경향이 있다. 슬프게도 이는 자녀들이 회개하기를 돕는, 가장 필요한 모범을 빼앗는 것이다

수업 개요

1. 성경 이야기 – 본문 읽고 이야기 나누기(15분)
2. 읽을거리 – '가족 앞에서 복음으로 살기' 함께 읽기(10분)
3. 토론 – 개념 확장하기(15분)
4. 활동 – 개념 적용하기(20분)
5. 마무리 및 기도 – 결론과 기도(10분)

1. 성경 이야기 (15분)

도입

"시편 51편을 통해 회개에 대해 배워 봅시다. 이 시편은 다윗왕이 심각하게 악한 죄를 저지른 후에 드린 기도입니다. 다윗은 충성스러운 신하인 우리아의 아내와 간음을 저지르고, 그것을 은폐하기 위해 그를 죽음으로 내몰았습니다."

읽기

"먼저, 한 분이 1–6절을 읽어 주세요."

질문

"다윗의 회개에는 자기 죄의 추악함을 완전히 인정하는 것이 포함됩니다. 다윗의 죄가 단순한 일회성 실수 그 이상인 이유는 무엇인가요? 다윗의 죄가 겉으로 드러난 행위 그 이상인 이유는 무엇인가요? 다윗의 죄가 단순히 그를 따르는 사람을 해친 것 그 이상인 이유는 무엇인가요?"

다윗은 단순히 하나님의 법을 어겼다고 인정한 것이 아니다. 그는 자신을 죄인이라고 고백한다. 죄악된 마음이 그로 하여금 죄악된 행동을 하게 했다. 그의 죄는 단지 몇몇 사람을 해친 것이 아니라 하나님에 대한 인격적인 모독이었다. "내가 주께만 범죄하여"(4절). '실수'를 인정하는 것은 쉽지만, 우리가 저지른 그 일 자체를 원했다고 고백하는 것은 어렵다. "당신에게 상처를 주어서 미안합니다."라고 말하기는 쉽지만 "저는 하나님께 반역했습니다."라고 말하기는 어렵다. 다윗의 이 깊이 있는 고백은 그래서 완전하고 강력한 회개의 본보기가 된다.

읽기

"이제, 다른 분이 7-12절을 읽어 주세요."

질문

"다윗의 회개는 나아지기 위해 더욱 노력을 하는 것인가요, 아니면 하나님께 돌이켜 그분의 긍휼을 신뢰하는 것인가요? 용서를 구하는 것에 더해 다윗은 하나님께 무엇을 더 간구하고 있나요?"

회개를 할 때, 열심히 노력하기로 결심하는 것보다 애통하는 마음이 더 중요하다. 회개는 하나님께 돌아서는 것을 의미하는데, 이는 하나님께 우리 자신을 증명하는 것이 아닌, 하나님이 우리 안에서 그분의 방식대로 행하시는 것과 관련이 있다. 우리는 하나님께 용서와 회복, 그리고 삶의 방식을 변화시키는 도움을 받는다. 다윗은 이 모두를 갈망한다. 단지 '무죄'라는 법적 선언만이 아니라, 하나님과의 관계 회복과 자신의 삶에 성령님의 지속적인 역사가 있기를 간구한다. 회개는 이 모든 면에서 치유의 역사를 일으킨다.

읽기

"마지막으로, 다른 분이 13-17절을 읽어 주세요."

질문

"다윗의 회개는 결과적으로 다른 사람들이 회개하는 데 어떤 도움을 주나요? 다윗의 회개를 보며 그에게서 어떤 점을 발견하게 되었나요?"

회개는 다윗을 겸손하게 했고, 다른 사람에게 전파될 만큼의 진정한 기쁨으로 하나님을 찬양하고 예배하게 했다. 이를 우리의 양육에 적용하는 것이 중요하다. 우리의 죄와 연약함을 자유롭게 고백할 때, 우리는 참된 예배자와 효과적인 교사로서 자녀들과 함께 살아갈 수 있으며, 자녀들을 복음으로 살도록 초대할 수 있다.

전환하기

"다윗이 자기가 저지른 죄를 감추려 했듯이, 우리도 처음에는 자신의 죄를 숨기거나 변명하거나 정당화하려는 경우가 많습니다. 그러나 회개하기 위해서는 겉으로 드러난 행동의 변화나 단순히 죄에 대한 슬픔 이상의 것이 필요합니다. 죄를 숨기고 변명하기를 단념하도록 성령님이 우리에게 깨어지고 상한 마음을 주셔야 합니다. 그럴 때 우리는 스스로 만든 평판 대신 아버지의 사랑 안에서 안식할 수 있습니다. 나아가 다른 이들, 심지어 자녀들에게도 정직하게 드러낼 수 있습니다. 우리 자녀들이 하나님 앞에서 겸손하게 사는 법을 배우려면, 공개적으로 회개할 줄 아는 겸손한 사람들(바로 부모!) 곁에 있어야 합니다. 다음 읽을거리에서 로즈 마리는 부모가 날마다 회개하며 자녀들 앞에서 자신의 연약함을 고백하는 것이 얼마나 중요한지 하나님이 보여 주셨다고 말합니다."

2. 읽을거리 (10분)

읽기

"한 사람씩 문단마다 돌아가며 소리 내어 읽어 봅시다."

3. 토론 (15분)

질문

"로즈 마리가 초기에 가졌던 그리스도인의 삶에 대한 관점은 여러분의 생각과 어떤 면에서 비슷하거나 그렇지 않은가요?"

"남편이 자신의 약함과 죄를 딸에게 인정하는 것을 보고 로즈 마리는 어떤 영향을 받았을까요? 여러분도 특히 겸손하거나 솔직한 신자에게서 그와 비슷한 경험을 한 적이 있나요?"

"부모인 우리의 죄에 관해 이야기하는 것보다 얼마나 더 자주 자녀의 죄에 관해 이야기하나요? 자녀에게 부모의 연약함과 죄에 대해 더 자주 인정한다면, 자녀와의 관계가 어떻게 달라질까요?"

4. 활동 (20분)

> 가정의 모든 우상들이 그러하듯이, 좋은 사람이 되기 위한 가족 규범 같은 것은 겉보기에 경건하고 선한 일들로 구성될 수 있다! 그러나 경건하고 선한 일들이 가장 중요한 분, 곧 예수님을 대신할 때 죄악 되고 위험해진다. 이러한 '선한' 일들은 종종 내려놓기 가장 어려운 우상이다. 왜냐하면 우리는 예수님을 믿기보다는 그런 규범들을 행함으로써 우리 가정이 의로운 가정이라고 스스로 확신해 왔기 때문이다.

5. 마무리 및 기도 (10분)

전환하기

"참된 회개는 죄를 미워하고 예수님을 즐거워하는 마음을 요구합니다. 이 마음은 자기 의지로 만드는 것이 아니라 성령님께로부터 받는 것입니다. 그러므로 하나님이 우리에게 겸손해지고 죄를 인정하고 진정으로 회개할 수 있는 은혜를 주시기를 기도합시다."

3과 '삶의 여정'에서 자녀를 가르치기

큰 그림 그리기 부모로서 우리는 예수님을 신뢰하고 순종하도록 자녀에게 가르칠 의무가 있다. 또한 우리는 그들이 믿음에 이르고 경건한 선택을 하기를 원한다. 이러한 의무와 소원이라는 닮아 보이는 압박은, 종종 부모인 우리가 자녀의 마음에 안전하게 복음을 채워 넣는 확실하게 증명된 공식을 찾게 한다. 그러나 그러한 것은 존재하지 않는다. 복음을 전하는 것은 몇 가지 쉬운 단계가 아니라 긴 여정이다. 우리의 임무는 자녀들이 항상 예수님에 관해 듣고, 우리를 본보기로 삼아 예수님이 우리 가족의 일상에 변치 않는 일부가 되시게 하는 것이다. 이것은 크나큰 도전이다. 하지만 우리의 성과가 아닌 예수님에 관한 것이기 때문에, 구하는 대로 능하게 하실 성령님의 모든 자원을 누리는 기쁘고 자유한 일이기도 하다.

수업 개요

1. **성경 이야기** – 본문 읽고 이야기 나누기(15분)
2. **읽을거리** – '길 위에서 예수님에 대해 말하기' 함께 읽기(10분)
3. **토론** – 개념 확장하기(15분)
4. **활동** – 개념 적용하기(20분)
5. **마무리 및 기도** – 결론과 기도(10분)

1. 성경 이야기 (15분)

도입

"신명기는 하나님의 백성을 위한 지침 모음집입니다. 이 계명들은 하나님이 애굽에서 이스라엘 백성을 구하여 약속의 땅으로 인도하는 시점에 주어졌습니다. 신명기 6장은 구약 성경에서 가장 유명한 본문 중 하나인데, 하나님이 주신 땅에서 하나님과 함께하는 삶이 어떤 모습인지 요약한 것입니다."

읽기

"한 분이 신명기 6장 4-12절을 소리 내어 읽어 주세요."

질문

"본문에서 말하는 하나님에 대한 헌신을 한 단어 혹은 한 문장으로 설명한다면, 어떤 단어들을 선택하겠습니까?"

좋은 선택지로는 다음과 같은 것들이 포함될 수 있다. 굳건함, 한마음, 사랑, 온전함, 꾸준함, 성실함, 모두를 아우르는 마음, 감사함, 기억하기.

"마음을 다해 하나님을 사랑하라는 것은 너무나 높은 명령입니다. 본문 말씀은 신자가 하나님의 말씀을 마음에 새기는 데 어떻게 도움을 주나요?"

이 본문 말씀에는 두 가지 일반적인 도움이 있다.

1. 하루 종일 하나님에 대해 이야기하거나 문에 율법을 걸어 두고 매일 되새기는 것과 같은, 지속적인 하나님 중심의 습관들은 우리가 하나님을 기억하는 데 도움이 된다.

2. 구원을 이루신 하나님의 모든 선하심을 잊지 않도록 주의하는 것(12절)은 우리 마음의 초점을 하나님께 맞추게 한다.

"여러분의 삶을 돌아볼 때, 평범한 하루를 보내면서 하나님을 생각하도록 돕는 습관이나 일로는 무엇이 있나요?"

여기서 모든 참가자에게 동일한 수준의 경건한 습관을 기대하지 않도록 주의하라. 신자들은 서로 다른 일상과 다른 수준의 성숙함을 가지고 있으며, 외적인 습관들이 항상 성숙한 믿음을 나타내는 것도 아니다. 우리가 추구하는 방향은 서로를 비교하는 것이 아니라, 모두가 성장하는 것이다.

"우리가 하나님을 계속 바라보도록, 결코 잊어서는 안 될 하나님이 값없이 주신 복은 무엇인가요?"

구원받은 우리가 소유한 수많은 복(용서, 죄로부터의 구원, 하나님의 자녀라는 지위, 하나님의 일상적인 돌보심, 하나님과 신자의 교제, 영원한 본향을 향한 소망 등)이 떠오를 수 있다. 이러한 복의 상당수는 본문에 언급된 하나님이 의도하신 복들과 궤를 같이한다.

전환하기

"본문에는 자녀에게 이러한 내용을 가르치는 내용이 포함되어 있습니다. 이제 읽을거리를 보며, 자녀를 가르치는 것에 대한 저자의 생각을 살펴봅시다."

2. 읽을거리 (10분)

읽기

"한 사람씩 문단마다 돌아가며 소리 내어 읽어 봅시다."

3. 토론 (15분)

> 토론과 활동을 진행하는 동안 정답과 오답은 없다. 누가 잘하고 있고 누가 그렇지 않은지 언급하기를 피하라. 참가자 모두 열린 마음으로 나눌 수 있도록 도우라. 우리는 모두 성장해야 한다.

질문

"이 글의 내용 중 자녀를 경건하게 가르치는 것에 대한 일반적인 생각과 다른 부분이 있나요? 이 글은 우리가 자녀를 가르치는 방식에 대해 어떤 다른 방향을 가리키나요?"

"여섯 가지 자유와 도전 가운데 무엇이 가장 어려워 보이나요? 그 이유는 무엇인가요? 어떤 부분이 가장 여러분을 자유롭게 하나요?"

4. 활동 (20분)

> 읽을거리와 토론의 내용을 바탕으로 개인이 지향하는 바를 살피고 복음 안에서 서로 격려하는 시간을 가지라.

4. 마무리 및 기도 (10분)

전환하기

"가정에 복음의 진리를 전하는 것은 여전히 불가능한 일처럼 보일 수 있습니다. 당연히 이 일은 하나님 없이는 불가능합니다. 순전히 우리의 의지력만으로 이 일을 하려는 시도는 효과가 없을 뿐 아니라 불가능합니다! 대신 우리는 하늘에 계신 아버지께서 우리를 도와주시기를 간구하는 것으로 시작해야 합니다. 하나님은 그분의 자녀에게 자신의 도움 없이 앞으로 나가라고 요구하지 않으십니다. 예수님은 '내가 너희를 고아와 같이 버려두지 아니하고 너희에게로 오리라'(요 14:18)고 말씀하셨습니다. 이 과업에서 우리는 혼자가 아닙니다. 하나님이 우리를 부르신 바로 그 일을 하나님이 또한 도와주겠다고 약속하십니다. 하나님은 우리를 위해 헌신하십니다. 하나님은 우리의 자녀를 위해 헌신하십니다. 하나님은 우리와 우리 자녀들 모두에게 그분에 관해 가르치기를 원하십니다. 지금 그것을 위해 기도하는 것부터 시작합시다."

The Gospel-Centered Parent

4과 좌절이 아닌 **믿음으로** 훈육하기

큰 그림 그리기 순종하는 자녀로 양육하기란 어려운 일이다. 부분적으로는 우리의 죄가 이를 방해한다. 우리를 양육하시는 하나님의 사랑으로 자녀를 훈육해야 한다는 것을 알지만, 우리의 사랑에는 통제하고 존중받기를 원하며 위험을 감수하지 않으려는 이기적인 욕망이 뒤섞여 있다. 감사하게도 하나님 아버지는 우리와 전혀 다른 완벽한 부모이시다. 하나님은 우리가 회개와 믿음으로 그분께 돌이키면 사랑과 용납으로 안식을 주신다. 그리고 부모인 우리의 욕망을 충족시키려고 자녀에게 요구하는 것이 아닌 자유함으로 자녀를 사랑하도록 도우신다. 또한 복음을 통해 자녀들에게 가장 필요한 변화, 즉 마음의 변화가 일어나도록 역사하신다.

수업 개요

1. **성경 이야기** – 본문 읽고 이야기 나누기(15분)
2. **읽을거리** – '그렇지 않으면이라는 계획이 실패할 때' 함께 읽기(10분)
3. **토론** – 개념 확장하기(10분)
4. **활동** – 개념 적용하기(25분)
5. **마무리 및 기도** – 결론과 기도(10분)

1. 성경 이야기 (15분)

도입

"에베소서 마지막 부분은 하나님에 대한 우리의 순종을 바탕으로 한, 가정 안에서의 관계를 다룹니다."

읽기

"에베소서 6장 1-4절에서 부모와 자녀의 관계에 관해 읽어 봅시다."

질문

"자녀들이 '주 안에서' 부모에게 순종한다는 것은 무엇을 의미하나요?"

자녀가 부모에게 순종하는 것은 그리스도 안에서 하나님과 함께하는 삶과 연결되어 있다. 이상적으로 그 모습은 하나님께 순종하려는 그들의 열망에서 흘러나와야 한다. 그것은 또한 하나님을 섬기고 높이는 방식이기도 하다. 많은 아이들이 부모에게 순종하는 것을 유치한 일, 자신을 비하하는 일이라고 생각한다. 하지만 그들이 '주 안에서' 순종한다면 오히려 그 반대가 된다. 부모에게 순종하고 공경하는 일은 자녀가 하나님을 공경하는 구체적인 방법이며, 이는 우리가 상상할 수 있는 가장 성숙하고 고귀한 행동이다. 자녀가 얼마나 어리든 상관없이, 단순히 부모에게 순종하는 일을 통해 엄위한 광채 가운데 계신 하나님을 따를 수 있다. 이를 통해 부모는 순종을 가르치는 것이 옳고 선하다는 확신을 갖게 될 것이다.

"자녀들이 하나님의 약속에 대한 소망 때문에 '주 안에서' 순종하려면, 우리의 자녀 양육에 먼저 있어야 할 진리는 무엇인가요?"

자녀들은 부모로부터 주님과 그분의 약속에 대해 배워야 할 것이다. 자녀들이 주 안에서 살아가는 사고방식을 배우려면, 부모가 매일 하나님을 신뢰하고 그분의 약속에 따라 사는 것을 보여 주어야 한다.

"아버지를 향한 두 가지 지침은 무엇인가요? 부모가 이 두 가지 모두를 동시에 할 수 있는 방법을 예로 들어봅시다."

참고로, 바울은 훈육의 책임이 아버지에게 있기에 아버지를 언급하고 있지만, 그의 가르침은 엄마와 아빠 모두에게 적용된다. 본문에서 부모는 자녀를 도발하지 말고 주님의 훈육과 지시에 따라 양육하라는 지침을 받는다. 예를 들어, 부모는 자녀가 순종하지 않을 때 자녀를 부끄럽게 하는 방식이 아니라, 예수님을 가리키는 방식으로 바로잡을 수 있다.

읽기

"이와 같은 어려운 명령 뒤에는 '주 안에서'와 '그 힘의 능력으로 강건하여지고'(10절)라는 가르침이 이어집니다. 이제 14-18절을 읽어 봅시다."

질문

"자녀 양육이라는 어려운 과업은 하나님의 전신갑주를 입음으로써 완수됩니다. 하나님의 전신갑주는 진리, 의, 복음, 믿음, 구원, 하나님의 말씀과 기도입니다. 이와 같은 것들은 자녀 양육 방식에 어떻게 영향을 미칠까요?"

가능한 답변으로는 다음이 있다.
- 우리는 우리 자신의 힘이 아닌 하나님의 힘으로 양육한다.
- 자녀 양육은 하나님을 끊임없이 신뢰하고 의지하는 것을 의미한다.
- 우리의 확신은 자신의 능력이 아닌, 우리에게 베푸신 하나님의 선하심에서 비롯된다.
- 경건한 부모가 되려면 복음을 믿어야 한다.

전환하기

"순종하는 자녀로 양육하는 일은 자녀와 부모 모두의 믿음과 관련이 있습니다. 읽을거리에서 저자인 데버라는 자신이 이 사실을 어떻게 배웠는지 나누고 있습니다."

2. 읽을거리 (10분)

읽기

"한 사람씩 문단마다 돌아가며 소리 내어 읽어 봅시다."

3. 토론 (10분)

질문

"저자는 자녀가 죄를 지었을 때 바로잡아야 하지만 우리 자신의 죄가 그 과정을 방해하는 경우가 많은 탓에 훈육이 어려운 것이라고 말합니다. 여러분이 자녀를 훈육할 때 방해가 되는 죄는 주로 무엇입니까?"

다양한 답변이 가능하다. 모든 학습자가 이 글의 저자와 같지는 않을 것이다. 어떤 사람은 화를 내고, 이기적으로 존경과 질서를 요구하며, 자신의 평판을 위해 이기려고 고집할 것이다. 또 다른 부모는 훈육이 통하지 않거나, 자신의 평판을 보호하기 위한 잘못된 우선순위 때문에 자녀에게서 물러날 수 있다. 어떤 부모는 자신이 어렸을 때 분노 가운데 훈계를 받은 경험 때문에 훈육하기를 두려워할 수 있다.

"자녀를 바로잡고자 할 때 '우리 아버지의 값없는 사랑 안에서 안전하다'는 진리는 우리를 어떻게 겸손하게 할까요? 또한 그 진리는 우리가 자녀를 훈육하기 어려운 경우에도 어떻게 우리가 물러서지 않고 용기를 내어 대처할 수 있도록 도울까요?"

구체적으로 예를 들어 나누게 하라. 우리의 죄성에도 불구하고 우리를 향한 하나님의 사랑에 대한 깊은 이해는 우리를 겸손하게 한다. 이는 불순종하는 자녀를 사랑으로 훈육할 때에도 자녀를 공감할 수 있도록 도와준다. 하나님 아버지의 친밀한 사랑을 받은 자녀로서 우리가 느끼는 안정감은 필요한 훈육을 하지 못하게 막는 두려움을 극복하는 데 도움이 된다. 비록 훈육을 한 우리의 모험이 바람대로 되지 않을 수 있고, 우리의 양육이 실패로 드러날 수 있지만, 우리는 담대히 그 임무에 임할 용기를 얻는다. 우리의 기쁨은 완벽한 부모가 되는 것이 아닌 예수님으로부터 오기에 우리는 잠재적인 실패를 감당할 수 있다. 더불어 하나님이 우리의 어설픔과 연약함까지도 사용하셔서 자녀들 안에 회개를 일으키실 수 있다는 큰 확신을 가질 수 있다.

4. 활동 (25분)

> 토론이 너무 부정적으로 흐르지 않도록 주의하라. 서로 비교하기를 피하고, 대신 모든 사람의 성장에, 그리고 하나님을 신뢰할 때 우리가 갖게 되는 위대한 소망에 초점을 맞추라. 복음 안에서 예수님을 바라보는 것이 부모와 자녀 모두가 하나님께 더욱 순종하는 데 어떻게 도움이 되는지 설명이 필요하다면, 이 교재의 결론(126쪽)을 참고하라.

5. 마무리 및 기도 (10분)

전환하기

"자녀를 바로잡으려 할 때 부모가 온전히 사랑하고 항상 복음으로 격려한다 하더라도, 여전히 우리에게는 그들의 마음을 변화시킬 힘이 없습니다. 그것은 성령님이 하시는 일이기 때문입니다. 그러므로 이번 과의 가르침이 우리의 여러 가지 실패를 떠올리게 하거나, 혹은 자녀들이 훈육을 받을 때 강퍅해 보인다면 다음과 같은 반응을 거부하십시오.

낙담, 방어적인 태도, 거부, 더 잘하겠다는 결심. 이 모두는 우리가 자기 자신에게 의존하고 있다는 표지입니다. 대신 기도로 하나님에 대한 믿음을 실천하십시오. 우리에게는 우리와 자녀들을 돌보며 사랑하는 아버지가 계십니다. 그분께 함께 기도합시다. 하나님만이 하실 수 있는 일, 곧 자녀들이 기꺼이 징계를 받아들이게 되기를 간구합시다. 그리고 우리가 복음 중심적인 훈육을 하는 데 있어 더욱 성장할 수 있도록 도와주시기를 간구하십시오."

5과 기도로 양육하기

큰 그림 그리기 복음적인 자녀 양육은 하나님에 대한 믿음을 바탕으로 하기 때문에 기도가 그 핵심이다. 양육을 하면서 여러 가지 일을 통해 기도가 필요하다는 사실을 경험하면서도, 우리는 여전히 기도를 소홀히 하는 경우가 많다. 아마도 기도에 대해 낙담했거나, 기도할 자격이 없다고 느끼거나, 스스로 일을 처리할 수 있다고 생각하기 때문일지 모른다. 하지만 기도야말로 세상에서 가장 위대한 양육의 자원이며, 예수님을 믿는 우리에게는 무한히 사용할 수 있는 자원이다. 우리는 기도 가운데 하나님의 지혜와 자비로운 돌보심을 신뢰하며 우리의 자녀들을 하나님께 맡기는 법을 배울 수 있다.

수업 개요

1. **성경 이야기** – 본문 읽고 이야기 나누기(15분)
2. **읽을거리** – '기도하는 부모 되기' 함께 읽기(10분)
3. **토론** – 개념 확장하기(15분)
4. **활동** – 개념 적용하기(25분)
5. **마무리 및 기도** – 결론과 기도(5분)

1. 성경 이야기 (15분)

도입

"기도는 하나님을 믿는 신앙의 핵심입니다. 그래서 성경은 기도에 대해 많은 이야기를 하고 있습니다. 기도의 기본 원리를 알려 주는 몇 가지 구절을 살펴봅시다."

읽기

"한 분이 시편 145편 18-19절을 소리 내어 읽어 주세요."

질문

"이 구절에 따르면, 기도에 대한 하나님의 응답은 무엇인가요? 이와 관련한 하나님의 속성들을 적어 보세요."

하나님은 기도하는 자와 가까이 계신다. 그분은 기도하는 자의 소원을 이루며 부르짖음을 들으신다. 그분은 기도하는 자를 구원하신다. 하나님은 우리의 기도를 통해 그분의 필요를 요구하시는 것이 아니라, 오히려 우리에게 필요한 것을 주기 열망하신다. 특히 이 사실을 주목하라.

읽기

"다른 한 분이 빌립보서 4장 6-7절을 읽어 주세요."

질문

"기도하는 신자에게는 어떤 특성이 발견되나요?"

기도할 때 우리는 염려에서 해방되고 하나님의 평강을 누린다. 우리는 감사로 충만해지며, 우리의 안전이 자신의 능력이나 세상이 약속하는 것에 있지 않고 그리스도 안에 있다는 것을 안다.

읽기

"야고보는 하나님의 뜻에 순복하지 않고 이기적으로 기도할 때, 우리가 구하는 것을 받지 못한다고 경고합니다. '구하여도 받지 못함은 정욕으로 쓰려고 잘못 구하기 때문이라 … 주 앞에서 낮추라 그리하면 주께서 너희를 높이시리라'(약 4:3, 10). 기도하며 경건한 마음을 유지하는 일은 쉽지 않습니다. 그렇지만 로마서 8장 26-28절을 읽어 봅시다."

질문

"우리가 마땅히 기도해야 할 바를 알지 못할 때 이 구절에서 어떤 도움을 받을 수 있을까요? 하나님은 깨어진 우리의 기도조차 우리의 유익을 위해 사용하신다는 사실에 우리는 어떤 확신을 가질 수 있을까요?"

성령님이 우리가 경건한 기도를 드리도록 도와주신다. 그 기도는 분명히 응답을 받을 것이다. 많은 신자가 "모든 것이 합력하여 선을 이루느니라"라는 28절의 약속에 익숙하지만, 이 확신이 기도에 관한 것이라는 사실을 깨닫는 사람은 많지 않다. 우리는 기도할 때 하나님이 우리를 위해 선한 길로 응답하실 것을 확신할 수 있다. 특히 예수님을 닮아 가도록 도와주실 것을 확신할 수 있다(29절).

전환하기

"기도는 자녀 양육에 있어 가장 큰 격려를 주는 것 가운데 하나입니다. 그럼에도 왜 기도는 때때로 부담스럽게 여겨질까요? 읽을거리에서 저자인 잭은 기도하는 것이 어렵게 여겨지는 이유에 대해 설명합니다."

2. 읽을 거리 (10분)

읽기

"한 사람씩 문단마다 돌아가며 소리 내어 읽어 봅시다."

3. 토론 (15분)

질문

"저자는 우리가 기도하기 힘들어하는 세 가지 이유를 언급합니다. 낙심, 자신이 충분하다고 느끼는 것, 반대로 자신이 자격이 없다고 느끼는 것. 이 중 무엇이 여러분을 기도하지 못하게 하나요? 아니면 기도하고 싶지 않은 또 다른 이유가 있나요?"

"읽을거리는 또한 기도를 위한 세 가지 복음의 격려를 언급합니다. 예수님의 긍휼, 예수님의 능력, 그리고 예수님으로 인한 기도의 특권. 예수님의 어떤 부분이 여러분이 기도할 수 있도록 가장 큰 격려를 주나요?"

4. 활동 (25분)

> 활동에서 제안하는 기도들은 주기도문에서 흘러나올 수 있는 기도의 일부일 뿐이다. 다음은 기도로 자녀들을 하나님께 맡기는 몇 가지 방법이다.

하늘에 계신 우리 아버지여
- 하나님이 자녀의 참되고 가장 선하신 아버지이심에 감사하고, 그와 같으신 분께 지혜와 애정 어린 돌보심을 구할 수 있음에 감사하라.
- 하나님이 당신을 사랑하시는 아버지임에 감사하고, 당신이 자녀 양육에 얼마나 성공했든 실패했든 상관없이 하나님 아버지의 사랑을 받는다는 확신을 주시기를 구하라.
- 하나님 아버지께서 자녀들을 바르게 훈육해 주시기를, 자녀들이 하나님을 사랑하고 따르도록 가르쳐 주시기를 구하라.

이름이 거룩히 여김을 받으시오며
- 자녀들의 행동이 아버지의 이름을 영화롭게 하도록 도우시기를 기도하라.
- 아버지의 완전한 거룩하심과 사랑을 찬양하라.

나라가 임하시오며 뜻이 하늘에서 이루어진 것 같이 땅에서도 이루어지이다
- 하나님 아버지께서 우리 자녀들을 통해 그분의 목적을 이루시도록 기도하라.

- 성령님이 부모인 당신을 자녀들을 향한 바른 열망으로 인도하시고 고쳐 주시기를 기도하라. 그래서 자녀들이 하나님의 목적에 합당한 삶을 살도록 기도하라(롬 8:26-27).
- 당신의 가족이 구체적인 방식으로 하나님 나라를 섬길 수 있도록 아버지의 도우심을 구하라.
- 성령님이 당신과 자녀들에게 하나님의 뜻을 행하고 그분의 나라를 섬기는 방법을 보여 주시기를 구하라.
- 자녀를 아버지께 맡기라. 당신이 하나님의 목적이나 자녀들의 삶을 온전히 알 수 없음을 인정하고, 당신의 뜻이 아닌 하나님의 뜻이 자녀 안에서 이루어지기를 기도하라.

오늘 우리에게 일용할 양식을 주시옵고
- 자녀들의 육체적, 정서적, 영적인 필요를 구체적으로 구하라.
- 모든 필요를 아시는 하나님 아버지께서 자녀들에게 모든 좋은 것을 아끼지 않으시기를 기도하라(시 84:11).

우리가 우리에게 죄 지은 자를 사하여 준 것 같이 우리 죄를 사하여 주시옵고
- 당신과 자녀들의 관계를 위해 기도하라. 부모와 자녀들이 서로에게 속히 용서를 구하고 용서를 할 수 있도록 기도하라.
- 당신이 양육하며 지은 죄들을 고백하고 아버지께 용서를 구하라.
- 하나님 아버지께서 자녀에게 영원한 용서로 인도하는 믿음과 회개를 주시기를 구하라.

우리를 시험에 들게 하지 마시옵고

- 자녀들에게 특정한 유혹들을 이길 힘을 주시기를 하나님 아버지께 구하라.
- 어떤 유혹도 당신의 자녀들을 삼키지 않도록, 그들이 자신의 죄를 보고 기꺼이 회개할 수 있기를 기도하라.
- 세상의 유혹으로부터 자녀들을 보호할 수 있도록 도우심을 구하라.

다만 악에서 구하시옵소서

- 하나님 아버지께서 세상, 육신, 그리고 마귀의 악으로부터 자녀들을 보호해 주시기를 기도하라.
- 성령님이 자녀들의 마음을 변화시켜 주셔서 그들이 죄를 버리기를, 죄 용서와 죄에 대한 승리를 얻기 위해 더 노력하는 것이 아니라 예수님을 진정으로 신뢰하는 마음을 주시기를 기도하라.

나라와 권세와 영광이 아버지께 영원히 있사옵나이다 아멘

- 하나님은 당신의 아버지이실 뿐 아니라 주님이시며 왕이시며 전능하고 영광스러운 분이심을 감사하라.
- 약한 자들이 높임을 받고 자기 목숨을 버린 자가 생명을 얻는, 하나님 나라의 영광을 위하시는 예수님을 찬양하라.
- 자녀들을 위해 한 기도들을 능히 이루실 아버지께 감사하라.
- 성령님께 순복하는 마음으로 "아멘!"으로 기도하라.

5. 마무리 및 기도 (5분)

전환하기

"이 활동에서 제시한 기도들은 주기도문을 통해 자연스럽게 흘러나온 기도의 일부에 불과합니다. 한 주 동안, 주기도문에서 도움을 얻어 자녀들을 위해 지속적으로 기도하십시오. 특히 자녀를 양육하면서 절망감이나 부족함을 느낄 때, 그 자체를 우리가 하나님께 나아오도록 하나님이 일깨우시는 기도 제목으로 삼으십시오."

6과 자녀가 부모를 **실망시킬 때**

큰 그림 그리기 최선의 노력으로 자녀들을 사랑하고 가르치려 함에도 불구하고, 때때로 자녀들은 우리를 실망시킨다. 특정한 죄에 빠지고, 회개하는 데 거의 관심을 보이지 않거나, 심지어 예수님에 대한 믿음을 완전히 버릴 수도 있다. 물론 모든 하나님의 자녀는 한때 탕자였음을 깨닫는 것은 도움이 된다. 우리 모두가 아버지께 충성되지 않았고 죄로부터 구원이 필요했다. 아버지 하나님은 그런 우리의 배반에 부드러운 사랑으로 응답하셨다. 이 사실은 우리에게도 자녀들에 대한 소망(하나님 안에서의 소망)을 가져다준다. 또한 분노와 두려움에 사로잡히지 않고 사랑으로 자녀에게 반응할 수 있도록 도와준다.

수업 개요

1. **성경 이야기** – 본문 읽고 이야기 나누기(15분)
2. **읽을거리** – '하나님은 방황하는 자녀를 어떻게 양육하시는가?' 함께 읽기(10분)
3. **토론** – 개념 확장하기(15분)
4. **활동** – 개념 적용하기(20분)
5. **마무리 및 기도** – 결론과 기도(10분)

1. 성경 이야기 (15분)

도입

"호세아 선지자는 하나님이 자기 백성을 애굽에서 구원하시고 모든 좋은 것으로 공급하셨지만, 그 백성이 어떻게 등을 돌렸는지, 그럼에도 하나님은 그들을 어릴 때부터 어떻게 사랑하셨는지 이야기합니다."

읽기

"한 분이 호세아서 11장 1-4절을 읽어 주세요."

질문

"하나님은 자신을 아버지로 묘사하며 어떤 이미지를 사용하시나요? 그분은 어떠한 아버지의 사랑과 돌봄을 베푸셨나요?"

하나님은 자기 백성을 사랑하셔서 애굽에서 그들을 구원하셨다. 그분이 사용하시는 이미지는 아이에게 걸음마를 가르치고, 아이를 안아 주고, 허리를 굽혀 양식을 먹이는 등 우리가 아는 가장 부드러운 아버지의 모습을 떠올리게 한다. 하나님은 엄격한 아버지처럼 하시지 않고, '사랑의 줄'로 온유하게 그분의 백성을 이끄셨다. 그래서 그들이 하나님을 사랑할 수 있도록 인도하셨다.

"백성들은 하나님 아버지의 사랑에 어떻게 반응했나요?"

그들은 아버지를 공경하는 대신 계속해서 우상을 섬겼다. 사실, 하나님이 그들을 더 많이 찾으실수록 그들은 하나님을 더욱 거부했다. 이는 일회적인 죄가 아니었다. 하나님의 선하심을 인정하는 데 지속적, 반복적으로 실패한 배신의 패턴이었다.

"하나님은 백성에게 진노하셨고 혹독한 결과를 맞도록 결심하셨지만 그들을 멸망시키지는 않으셨습니다. 8-9절을 볼 때 하나님이 범죄한 백성을 멸망시키지 않으신 이유는 무엇인가요?"

하나님의 마음이 그분을 멈추게 했다. 하나님은 본질적으로 긍휼과 부드러움이 넘치신다. 우리와 달리, 그분의 긍휼은 결코 실패하지 않는다.

"만약 자녀들을 대하시는 하나님의 접근 방식이 부모가 따라야 할 본보기라면, 자녀들이 우리를 실망시킬 때 어떻게 대해야 할까요?"

분노로 인해 자녀나 그들과의 관계를 망가뜨리지 않도록 주의하며, 사랑과 긍휼로 행동해야 한다. 물론 어느 정도의 분노는 예상할 수 있다(성경은 하나님도 화를 내신다고 말한다). 그러나 우리 역시 하나님의 진노를 받아 마땅한 죄인인 것을 기억하고, 우리가 받은 하나님의 인자하심이 얼마나 큰지 알며, 겸손히 분노를 통제해서 관계가 깨어지지 않도록 해야 한다.

전환하기

"마태복음은 호세아서 11장에 묘사된 아픔이 예수님을 가리키고 있다고 말합니다(마 2:15). 그렇습니다. 복음은 실망스러운 자녀들에 대한 해답입니다! 로즈 마리가 쓴 다음의 글을 함께 읽어 봅시다."

2. 읽을거리 (10분)

읽기

"한 사람씩 문단마다 돌아가며 소리 내어 읽어 봅시다."

3. 토론 (15분)

질문

"저자는 자녀가 자신이나 부모에게 상처가 되는 나쁜 선택을 할 때, 우리 안에서 솟구치는 몇 가지 감정들을 언급합니다. 분노, 두려움, 슬픔, 낙담, 죄책감, 그리고 비난하고 싶은 충동들입니다. 이 가운데 무엇이 여러분이 반응하는 방식과 가장 일치하나요?"

우리의 감정적 반응에는 때때로 죄와 이기적인 요소가 있지만, 모든 감정적 반응이 잘못된 것은 아니다. 우리의 감정적 반응에 대해 서로를 비난하거나 '자책'하기보다는, 시편에서와 같이 감정에 솔직해지고 그와 같은 감정으로 하나님께 나아가는 방식을 취하라.

"당신의 반응은 자녀를 조종하려는 시도였나요, 아니면 믿음으로 하나님께 돌이키는 것이었나요? 구체적으로 예를 들어 나눠 봅시다."

"이 글은 '하늘에 계신 완전한 아버지에게도 길 잃고 방황하는 자녀들이 있다는 사실을 기억하는 것이 좋다.'고 말합니다. 이를 기억하는 것은 방황하는 자녀를 양육하는 데 어떻게 도움이 될까요?"

가능한 답변으로는 다음이 있다.

- 우리를 겸손하게 하고 긍휼의 마음을 갖게 한다. 우리도 우리 아버지를 실망시킨 적이 있으며, 우리에게는 단지 훈계만이 아닌 아버지의 인애와 용서가 필요하다는 사실을 안다.
- 하나님이 우리 자녀들을 포기하지 않으실 것이라는 소망을 품게 된다. 길 잃고 방황하는 아이들은 하나님 아버지의 '전문 분야'이다. 그분은 자녀를 집으로 다시 이끄는 일을 사랑하신다. 그분은 이미 아주 많은 이들을 구원하셨다! 이 사실은 우리가 소망을 품고 자녀들을 위해 많은 시간을 드려 기도할 좋은 이유가 된다.
- 하나님이 우리를 얼마나 아끼시는지 보여 준다. 예수님은 방황하는 자녀들을 둔 기분이 어떤 느낌인지 잘 아신다. 때문에 부모인 우리를 탓하지 않고 오히려 위로하기 위해 우리와 함께하신다.

4. 활동 (20분)

> 활동에서 제시된 내용들이 자신의 가정에서 일어나는 일과 어떻게 다른지 주목한다면 특히 더 도움이 될 것이다. 제시된 내용을 실천했을 때 갈등이 어떻게 다르게 해결될지 생각해 보라. (참고. 종종 화를 내는 것은 적절하다는 반론이 제기될 수 있다. 이는 사실이다. 하지만 대개 우리의 분노에는 이기적인 자존심이 섞여 있으므로, 분노를 경계하고 화가 날 때마다 우리의 마음을 자세히 살펴보는 것이 좋다.)

5. 마무리 및 기도 (10분)

전환하기

"이 과를 마무리하며 특별히 자녀의 마음을 위해 기도하십시오. 아무리 적절한 질문을 하고 복음을 전한다 하더라도 성령님이 그들 안에서 일하시지 않으면 그들의 마음을 녹일 수 없습니다. 그러므로 기도를 통해 그 짐을 내려놓고 그분이 그 짐을 짊어지시도록 하여 자유를 얻으십시오."

7과 하나님 나라를 향한 모험

큰 그림 그리기 만일 부모로서 우리의 역할이 단지 자녀를 잘 기르는 것이라고 생각한다면, 우리는 놀랍고도 경이로운 일(예수님을 믿는 모든 이는 그 나라의 일원이며 그분과 함께 다스리도록 정해졌다는 사실)을 놓치는 것이다. 때문에 양육의 가장 큰 기쁨 중 하나는 교회를 세우고, 도움이 필요한 사람들을 돕고, 예수님의 기쁜 소식을 전하고, 그리스도께서 당신의 백성을 구원하며 세상을 되찾으시는 모든 곳에서 죄와 죽음, 슬픔에 맞서 싸우는 하나님 나라의 감격을 자녀에게 소개하는 것이다. 우리는 개인적인 성공, 안락함 그리고 인정이라는 공허한 목표를 위해 살도록 자녀들을 가르치는 대신, 영원을 향한 부요하고 의미 있는 삶으로 그들을 초대한다.

수업 개요

1. **성경 이야기** – 본문 읽고 이야기 나누기(15분)
2. **읽을거리** – '가족과 함께 진정한 모험을 떠나기' 함께 읽기(10분)
3. **토론** – 개념 확장하기(15분)
4. **활동** – 개념 적용하기(20분)
5. **마무리 및 기도** – 결론과 기도(10분)

1. 성경 이야기 (15분)

도입

"예수님은 지상 사역 가운데 그의 나라를 시작하셨습니다."

읽기

"한 분이 마태복음 9장 35-38절을 읽어 주세요."

질문

"하나님 나라 사역의 다양한 측면들을 적어 보세요. 이 사역들을 어떻게 설명할 수 있을까요?"

예수님은 사람들을 가르치고 그들에게 복음을 선포하셨다. 또한 그들의 육체적 필요, 의료적 필요뿐만 아니라 다른 여러 고통을 도우셨다. 그 일은 다음과 같은 방식으로 설명할 수 있다.

- 사람들에게 나아가 그들이 사는 곳을 찾아가며 그들과 만나는 일이 포함된다.
- 소망이 담긴 말과 진실한 말, 그리고 자비롭고 친절한 행동들이 포함된다.
- 교육이나 돌봄을 받지 못한 이들에 대한 연민이 동기가 된다.
- 이 일은 추수와 같다. 농부가 익은 곡식을 열심히 곳간으로 거두어들이듯, 지금은 사람들을 하나님 나라의 보살핌으로 기쁘고 당연하게 인도할 때이다.

"예수님은 이러한 사역에 동참할 다른 이들을 찾고 계십니다. 그 나라에 유용한 일꾼은 어떤 사람들일까요? 그들은 예수님과 어떤 영적 특성들을 공유하게 될까요?"

일꾼들은 예수님처럼 자원함으로 나아가 일하려 한다. 특히 다른 사람의 필요를 볼 때 그들을 향한 연민으로 가득 차 있다. 또한 추수에 필요한 것을 공급하시는 하나님을 신뢰하는 기도의 사람이기도 하다. 그들은 혼자가 아니며, 추수하는 주인이 보내신 사람들이다.

"이러한 하나님 나라의 사역은 우리가 일반적으로 하는 세상에서의 다른 일과 어떻게 비교될 수 있을까요?"

- 하나님 나라 사역의 큰 기쁨 중 하나는 우리의 관심을 우리 자신, 곧 자신의 필요와 '안전한 영역', 그리고 자신의 수행 능력으로부터 멀어지게 한다는 것이다. 예수님이 말씀하신 사역은 각자의 '영역'에 있는 사람에게로 나아가, 그들이 필요로 하는 방식으로, 그들에게 공감을 나타내는 것을 포함한다. 또한 우리 자신의 능력을 신뢰하기보다는 기도로 하나님을 의지하며, 주님이 우리를 보내고 추수를 이루시게 하는 일을 포함한다. 하나님 나라의 사역은 크고 충만한 일이다. 왜냐하면 하나님의 일이기 때문이다.

- 하나님 나라 사역의 또 다른 기쁨은 그것이 긴급한 일이라는 사실에 있다. 밭은 추수할 준비가 되어 있고 주님은 그의 나라가 이 땅에서 확장되기를 간절히 원하신다. 세상을 향한 하나님의 계획의 정점에 참여하는 것은 위대한 모험이다. 추수 때 농부가 수개월간의 밭일과 인내

의 결실을 보며 감격하듯이, 우리도 이 세대에 주님의 추수에 동참하고 싶은 마음을 갖게 된다.

읽기

"이번에는 다른 분이 마태복음 6장 19–21절을 읽어 주세요."

질문

"예수님의 가르침은 하나님 나라의 섬김에 관해 어떤 관심을 더해 줄까요?"
하나님 나라의 사역은 우리와 자녀들이 우선순위를 바르게 정하는 데 도움을 준다. 이 땅에서의 안락함보다는 하늘의 것에, 이기적인 욕망 대신 하나님의 마음을 감동케 하는 사람들과 일에 소망을 두도록 우리를 훈련시킨다.

전환하기

"그리스도의 나라를 위한 섬김은 단지 개인적인 일이 아닌, 우리 모두의 일입니다. 우리의 가족은 이 사역의 핵심적인 부분입니다! 다음 글에서 로즈 마리는 이런 일이 어떻게 일어나는지 설명합니다."

2. 읽을거리 (10분)

읽기

"한 사람씩 문단마다 돌아가며 소리 내어 읽어 봅시다."

3. 토론 (15분)

> 옳고 그른 답은 없다. 이 시점에서는 생각해 보고, 꿈꾸고, 기도하겠다는 것 외에 다른 무엇을 하겠다는 분명한 약속을 하지 않아도 되니 부담 갖지 않도록 한다.

질문

"이 글에 나온 목록 가운데, 하나님 나라 사역에 동참하기 위해 가족을 격려하고 싶은 항목으로는 무엇이 있나요?"

"최근에 복음이 여러분을 격려한 방식을 생각해 보세요. 만일 자녀에게 그것에 관해 말한다면, 자녀가 하나님 나라의 일을 이해하거나 흥미를 갖는 데 어떻게 도움이 될까요?"

"예수님은 항상 우리와 함께하겠다고 약속하셨습니다. 이 약속이 하나님 나라의 일을 하는 데 어떻게 우리의 접근 방식을 변화시키나요? 만약 우리가 혼자의 힘으로 이 일에 임한다면 어떤 차이가 있을까요?"

4. 활동 (20분)

> 마찬가지로 정답은 없다. 학습자들이 서로를 비교하며 부담을 갖지 않도록 하라. 각 가정에 주어진 상황에 따라 소망을 품고 구체적으로 계획하며 복음을 의지하게 하라.

5. 마무리 및 기도 (10분)

활동의 각 카테고리 마지막에 있는 기도 노트를 사용하여 마무리 기도 시간을 가지라.

8과 가족과 함께 **고난을 헤쳐 나가기**

큰 그림 그리기 이 세상을 사는 동안 고난을 겪지 않는 가족은 없다. 자녀들과 함께 고난을 통과할 때, 우리의 시선과 자녀의 시선을 예수님께 고정하는 것은 복음 중심적인 자녀 양육에서 중요한 부분이다. 성경은 예수님이 우리를 긍휼히 여기며 우리가 고난 중에 있을 때 함께하신다고 가르친다. 더 나아가 그분은 인간의 고난 속으로 들어와 우리의 가장 큰 슬픔을 짊어지셨다. 더욱이 그분은 남은 고난을 구속하고 우리 삶에 선을 이루며 우리가 하나님께 영광을 돌리게 하신다. 무엇보다도 우리가 어떤 고난을 겪든 그분은 언제나 우리에게 자기 자신을 주고 그분의 사랑을 베풀며, 언젠가는 우리의 고난을 영원히 끝내실 것이다. 이 모든 것이 지금의 고난을 쉽고 가볍게 만들어 주지는 않는다. 그러나 우리의 고난은 절망이 아닌 믿음이 우리와 함께한다는 사실을 가리킨다.

수업 개요

1. **성경 이야기** – 본문 읽고 이야기 나누기(15분)
2. **읽을거리** – '고난의 때에 예수님 바라보기' 함께 읽기(10분)
3. **토론** – 개념 확장하기(15분)
4. **활동** – 개념 적용하기(20분)
5. **마무리 및 기도** – 결론과 기도(10분)

이번 과를 위한 참고 사항

그리스도인에게 고난은 다양한 감정을 불러일으킨다. 고난에 대해 토론할 때 다른 사람의 감정을 비난하지 않도록 주의하라.

- 슬픔을 억누르지 말라("슬퍼하면 안 돼요.", "예수님 안에서 기뻐해야 해요."라고 말하지 말라.)
- 희망적인 생각을 억누르지 말라("하나님이 더 좋은 일을 행하실 거라고 계속 언급하는 것은 마음을 무감각하게 만들 뿐이에요."라고 말하지 말라.)

사실, 슬픔과 희망 모두 매우 적절한 반응이다. 특히 그리스도인은 진정으로 좋은 삶이 무엇인지 알기에 고난으로 인해 크게 슬퍼할 수 있고, 또 하나님이 우리와 함께하시며, 사랑으로 계획을 이끄심을 알기에 고난 중에서도 가장 희망적일 수 있다.

1. 성경 이야기 (15분)

도입

"요한복음 9장은 예수님이 날 때부터 눈먼 사람과 그의 부모를 만나신 일을 이야기합니다."

읽기

"한 분이 요한복음 9장 1–7절을 소리 내어 읽어 주세요."

질문

"날 때부터 눈먼 사람과 그의 부모는 많은 고난을 겪어야 했습니다. 예수님에 따르면, 그 고난의 목적은 무엇이었나요?"

그 사람이 눈먼 상태로 태어난 것은 "그에게서 하나님이 하시는 일을 나타내고자 하심"(3절) 때문이었다. 그래서 예수님이 그를 고치시고 그분이 세상의 빛이심을 보여 주실 수 있었다(물론 여기에는 그를 믿음으로 인도하시려는 사랑의 목적이 있었다. 이는 나중에 설명되고 있다).

"예수님의 대답을 들으면 고난에 대해 어떤 생각이 드나요? 그분의 대답에서 어떤 격려를 얻나요? 고난에 대해 무감각하거나 불완전하거나 불충분하게 느껴지는 부분이 있나요?"

격려가 되는 점으로는 다음이 있다.
- 고난 속에도 하나님의 계획이 있다.
- 큰 고난을 겪는 사람들은 하나님의 영광을 가장 잘 드러내고 그분의 구원 사역과 긍휼을 증거하기에 가장 적합할 수 있다.
- 고난이 반드시 형벌인 것은 아니며, 우리의 자녀가 고난 받는 것이 반드시 우리의 잘못은 아니다. 하나님은 우리에게 보복하시려는 것이 아니다. 그분은 우리를 가르치고 사랑하신다.

불완전하거나 무감각하게 느껴질 만한 점으로는 다음이 있다.
- 예수님은 여기서 긍휼 어린 답변보다는 철학적인 대답을 하시는 것만 같다.
- 그 뒤에 따르는 치유가 없었다면, 예수님의 답변만으로는 눈먼 사람에게 그다지 도움이 되지 않았을 것이다.

읽기

"요한복음 9장의 이야기가 진행되면서, 고침을 받은 사람은 예수님이 그를 위해 하신 일을 증언하고, 예수님의 대적들은 그 증언을 이유로 그를 회당에서 쫓아냅니다(교회에서 출교당하는 것과 비슷하다). 요한복음 9장 35-39절을 읽고, 이후에 예수님이 하신 일이 무엇인지 살펴봅시다."

질문

"고침을 받은 사람이 눈멀었을 때나 이후 박해를 받았을 때 모두, 예수님이 그를 긍휼히 여기셨다는 증거를 찾을 수 있나요? 이야기 초반부와 후반부에서 그를 위해 예수님이 행하신 일들을 적어 봅시다."

가능한 답변으로는 다음이 있다.

- 예수님은 그를 돌보시고, 누구도 그의 상태를 비난할 수 없다고 말씀하심으로써 그 사람의 가치를 확인해 주셨다.
- 예수님은 그에게 손을 대고 침을 바르는 등 친밀하고 개인적으로 그를 대하셨다.
- 예수님은 깨끗해지기 원하는 그에게 믿음을 실천할 기회를 주셨다.
- 예수님은 그를 고치셨다.
- 예수님은 그가 회당에서 쫓겨난 것에 대해 듣고 알아보셨다.
- 예수님은 그가 어떤 대우를 받았는지 듣고 그를 찾아가셨다.
- 예수님은 그가 주님에 관해 말하고 믿도록 도와주셨다.
- 예수님은 눈먼 자로 태어난 것이 그 사람이나 부모의 잘못이라는 의심을 잠재우고, 대신 바리새인들의 죄에 초점을 맞추셨다.

"본문 말씀은 가족의 고난이 선을 위한 것이라는 진리를 가르칠 뿐 아니라 예수님의 긍휼과 돌보심을 보여 줍니다. 이 사실은 왜 중요할까요?"

그 사람은 믿음을 갖게 되었다! 그리고 다른 사람들은 예수님의 능력과 긍휼의 표징을 보게 되었다. 그 가운데 몇몇은 앞을 보지 못하는 자신의 눈먼 상태에 도전을 받았을 것이다.

하나님이 모든 것을 주관하시며 고난 가운데서도 선한 계획을 가지고 계심을 아는 것만으로는 충분하지 않다. 그분이 우리의 신음을 들으시며 엄청나게 살피신다는 위로가 필요하다(출 2:24). 마찬가지로, 하나님이 관심을 가지고 계시다는 것만으로는 충분하지 않다. 우리와 함께 우시는 구주께서 언젠가 우리의 모든 눈물을 없앨 능력과 뜻을 가지고 계시다는 사실을 알아야 한다(계 7:17).

전환하기

"부모에게도 그렇겠지만, 고난은 자녀들과 나누기 쉽지 않은 주제입니다. 이제 읽을거리를 보며, 부모가 자녀에게 고난에 관해 무엇을 알려 주어야 하는지 살펴봅시다."

2. 읽을거리 (10분)

읽기

"한 사람씩 문단마다 돌아가며 소리 내어 읽어 봅시다."

3. 토론 (15분)

이 글은 자녀에게 고난에 대해 가르쳐야 할 세 가지를 언급하고 있다.
- 하나님은 고난 가운데 우리와 함께하시지만, 천국에 이르기까지는 고난에서 완전히 구하시지 않는다.
- 하나님이 우리를 위해 예비하신 놀라운 일들을 우리는 완전히 상상할 수 없다.
- 예수님의 약속과 우정이 평탄한 삶보다 훨씬 더 낫다.

질문

"우리가 자녀들과 함께 고난을 통과할 때 특별히 가르쳐야 할 예수님과 복음에 대한 중요한 진리는 무엇인가요?"

학습자들이 생각 나는 모든 것을 다 말한 후에, 가이드의 내용을 나누라. 만약 그리스도께서 우리 삶의 중심에 계시다면, 고난의 시기에 우리의 생각은 분명히 그분께로 향할 것이다. 따라서 여기에는 많은 좋은 답변이 있을 수 있다. 이 과에서 이미 언급된 답변 중 일부는 다음과 같다.

- 예수님은 고통 받는 사람을 긍휼히 여기신다.
- 예수님 우리를 가장 큰 고난에서(그리고 언젠가는 모든 고난에서) 구원하기 위해 스스로 큰 고난을 겪으셨다.
- 고난은 우리의 믿음이 자라고 있으며 우리의 믿음이 진실하다는 확신을 얻을 기회이다.
- 그리스도인의 삶은 고난을 피하는 것이 아니라, 고난 가운데서 온전하고 신실하게 사는 것과 관련이 있다.

- 고난은 우리가 하나님께 더 가까이 다가가는 데 도움이 된다. 우리는 모든 종류의 고난을 가지고 그분께 나아갈 수 있으며, 그분이 우리를 돌보고 계심을 확신할 수 있다.
- 예수님은 우리의 고난을 이해하신다.
- 우리는 지금 고난 받고 있지만 예수님 안에서 큰 소망을 가진다.
- 하나님은 고난을 일부 허락하시지만 여전히 세상을 다스리신다. 예수님은 모든 것, 심지어 악도 다스리는 왕이시다!
- 고난은 하나님의 일이 아직 끝나지 않았고 우리가 아직 최종적인 본향에 도착하지 않았음을 떠올리게 한다. 고난은 우리가 계속해서 앞을 바라보며 "하늘에 보물을 쌓도록"(마 6:19-21) 훈련시킨다.
- 하나님은 우리의 고난을 사용해 우리에게 복 주실 뿐만 아니라, 다른 이에게도 복이 되도록 도우신다.

"고난의 시기에 가족에게 도움이 되었던 예수님과 복음에 대한 진리가 있나요? 가능하다면 예를 들어 나누어 봅시다."

"예수님은 자신의 고난과 죽음을 향해 어떻게 나아가셨나요? 예수님은 고통을 심하게 느끼셨나요, 아니면 억누르셨나요? 다른 이들의 고난에 어떻게 관여하셨나요? 하나님과는 어떻게 관계를 맺으셨나요? 고난이 닥쳤을 때 어떻게 행동해야 할지, 그분께 무엇을 배울 수 있나요?"

예수님은 고난으로 인해 자신이 고통 받는 것이 보여지기를 두려워하지 않으셨다. 그분은 겟세마네에서 땀방울을 흘리셨고 십자가에서 부르짖으셨다. 그러면서도 그분은 계속해서 다른 이들을 돌보셨다(제자들, 어머니, 심지어 그분의 고난에 책임이 있는 병사들까지). 그리고 예수님은 계속해서 하늘 아버지께 기도하셨다. 복음서들은 예수님이 가장 큰 고난과 죽음을 앞둔 마지막 날, 제자들과 함께하며 가장 깊게 기도하셨다고 말한다. 우리도 그와 같이 할 수 있다. 고난의 시기에 하나님께 가까이 다가가고 다른 사람들과 함께 나눌 수 있다.

4. 활동 (20분)

> 고난과 함께 오는 두려움, 분노, 그밖에 다른 감정들은 놀라운 일이 아니다. 이러한 감정을 인정한다고 해서 누구도 비난받을 이유나 필요가 없다. 그럼에도 불구하고 깊은 고난 가운데서 어떻게 복음이 우리 안에 소망과 긍휼, 용서와 만족을 일으키는지 살펴보도록 노력하라.

5. 마무리 및 기도 (10분)

전환하기

"자녀들과 함께 고난을 헤쳐 나가는 데 필요한 믿음은 우리 자신의 노력으로 만들어지는 것이 아닙니다. 그 믿음은 오히려 하나님께로부터 받습니다. 그러므로 고난 가운데서도 하나님을 믿는 믿음을 갖게 해주시기를 간구하며 이 시간을 마무리합시다. 여러분 가운데 특별히 고난의 시기를 보내는 사람이 있다면, 그분을 위해 기도합시다."

다음의 기도 제목을 참고하라.

- 하나님이 그들에게 긍휼을 나타내시기를.
- 하나님이 "그들의 고난을 거룩하게 하시고" 그것을 사용해 많은 선을 이루시기를.
- 하나님이 그들에게 "내 육체와 마음은 쇠약하나 하나님은 내 마음의 반석이시요 영원한 분깃이시라"(시 73:26)고 말할 수 있는 믿음을 주시기를.

The Gospel-Centered Parent

9과 영적 전쟁과 가족

큰 그림 그리기 그리스도인의 삶은 전투이다. 예수님이 우리를 죄에서 구원하셨지만, 죄와의 싸움은 아직 끝나지 않았다. 우리와 우리 자녀들은 매일 매 순간 외부에서 우리를 공격하는 악뿐만 아니라, 우리 안에서 솟아나는 악으로부터 위협을 받고 있다. 이 전투를 위해 자녀들을 구비시키고, 구주를 의지함으로써 그분과 함께 싸우도록 가르치는 것은 부모로서 우리의 가장 중요한 임무 가운데 하나이다.

수업 개요

1. **성경 이야기** – 본문 읽고 이야기 나누기(15분)
2. **읽을거리** – '가족의 진정한 전투' 함께 읽기(10분)
3. **토론** – 개념 확장하기(10분)
4. **활동** – 개념 적용하기(20분)
5. **마무리 및 기도** – 결론과 기도(15분)

1. 성경 이야기 (15분)

읽기

"한 분이 요한일서 2장 15-17절을 소리 내어 읽어 주세요."

질문

"하늘에 계신 아버지의 사랑을 대체하는 것들로는 무엇이 있나요? 이 위협은 외부에서 오나요, 아니면 내부에서 오나요? 설명해 봅시다."

우리는 하늘 아버지를 사랑하는 대신 세상을 사랑한다. 어떤 의미에서 '세상 사랑'은 우리 밖에 있다. 여기서 '세상'이란 우리가 보고 소유한 것들을 최고의 사랑으로 여기는 삶의 체계를 말한다. 그러나 이 모두는 결국 사라져 갈 덧없는 것들이다. 다른 한편으로, 이 싸움은 매우 내면적이기도 하다. 이는 우리의 욕망과 교만, 그리고 우리가 무엇에 가치를 두는지와 관련이 있다.

읽기

"이제 로마서 7장 21-25절에서 바울이 자기 죄와의 개인적인 싸움에 대해 기술한 내용을 읽어 봅시다."

질문

"이 위협은 바울의 외부에서 비롯된 것인가요, 아니면 안에서 비롯된 것인가요? 여러분의 경험, 곧 무엇이 옳은지 알고 또 옳은 일을 하고 싶었으나 그릇된 행동을 원하는 내면의 또 다른 욕망에 굴복했던 경험을 예로 들어 봅시다."

바울의 싸움은 그리스도 안에서 새 사람이 된 후에도 신자의 내면에 남아 있는 죄의 본성과의 싸움이다. 성령님이 우리에게 주신 새 생명이 우리를 죄와의 싸움에 참여하게 한다. 그러나 아직은 죄의 영향에서 우리를 완전히 자유롭게 하지는 않는다.

읽기

"죄의 유혹은 배후에 그 개인을 아는 책략적인 힘이 있기 때문에 특히 위험합니다. 에베소서 6장 10-17절을 읽어 봅시다."

질문

"10-12절을 볼 때 우리의 대적을 어떻게 묘사할 수 있을까요?"

마귀는 악할 뿐 아니라 우주적인 강력함을 가졌기에 어두운 영적 통치자로 묘사된다. 여기서 "악한 영들"이라는 단어는 마귀가 비인격적인 힘이 아니라, 수많은 악한 세력을 거느린 군대 지휘관과 같다는 의미이다.

"마귀를 대적하여 맞서기 위해 우리가 가진 소망은 무엇입니까?"

마귀를 대적할 우리의 소망은 주님과 그분의 힘, 즉 하나님의 전신갑주이다. 전신갑주가 어떻게 이루어졌는지 앞으로 자세히 살펴볼 것이다.

전환하기

"우리가 벌이는 싸움은 세 가지 악에 맞서 싸우는 것으로 요약됩니다. (1) 세상, (2) 육신(하나님이 그리스도 안에서 우리를 살리신 후에도 여전히 우리에게 영향을 미치는 죄의 본성), (3) 마귀. 다음 글에서 로즈 마리는 이러한 위험을 이해하게 된 과정과 그것을 극복하는 방법에 대해 나누어 줍니다."

2. 읽을거리 (10분)

읽기

"한 사람씩 문단마다 돌아가며 소리 내어 읽어 봅시다."

3. 토론 (10분)

질문

"에베소서 6장은 그리스도를 믿는 믿음이 악한 자의 불화살을 소멸시킨다고 말합니다. 악한 자가 최근에 여러분이나 자녀들에게 던진 화살(하나님의 선하심에 대한 거짓말이나 의심)로는 무엇이 있나요? 하나님을 위해 살지 못하도록 어떻게 방해했나요? 개인적인 예를 나누어 봅시다."

"우리 안에 계신 분(하나님)이 세상에 있는 자(마귀)보다 더 강하시다는 약속은 일상 가운데 우리의 자녀 양육에 어떤 영향을 미치나요"

가능한 답변으로는 다음이 있다.

- 하나님의 능력을 떠올리는 것은 우리가 어떤 어려움 속에서도 신속히 그분께 돌이키게 한다.
- 우리는 겸손히 기도하는 자가 될 것이다.
- 심지어 자신의 죄가 깊고 해결이 불가능해 보일 때조차 절망하지 않을

것이며, 우리 자신의 능력이 아닌 하나님의 능력을 확신하기 때문에 인내로 양육에 임할 것이다.

4. 활동 (20분)

사례 연구에서 제시된 유혹 자체에 초점을 맞추도록 노력하라. 그 유혹을 야기한 문제를 해결할 방법을 찾는 데 집중하지 말라. 하나님이 우리 삶에 시련을 허락하시는 큰 이유는 때때로 회개를 통해 성장하고, 유혹에 저항하는 과정을 통해 우리를 단련하시기 위해서다.

전신갑주에 관해 나눌 때, 구원이 신발보다는 투구와 더 비슷한지 등을 고려할 필요는 없다. 요점은 단순하게 복음의 이러한 측면이 죄에 저항하는 싸움에서 우리를 보호하고 도와준다는 것이다. 예를 들어:

- 예수님이 세상을 이기셨다는 진리는 다른 사람이 우리를 해치려 할 때 복수하기를 추구하지 않도록 지켜줄 수 있다. 또 우리의 유산이 하늘에 있다는 진리는 우리가 세속적인 성공과 즐거움을 우상화하지 않도록, 그리고 그것을 방해하는 사람에게 화내지 않도록 지켜줄 수 있다.
- 평안의 복음은 다른 사람도 그 평안을 갖게 되기를 바라게 하고, 우리에게 죄를 지은 사람에게도 평화의 방식으로 대응하고 우리의 소망을 매력적으로 나누게 한다.
- 우리가 받은 구원은 우리 자신도 큰 죄인이며 심판받아 마땅하지만 풍성한 은혜를 받았다는 사실을 상기시킨다. 그래서 다른 사람을 대할 때 겸손하고 은혜롭게 대할 수 있도록 도와준다.
- 믿음은 우리가 심히 실망했을 때에도 하나님의 계획이 선하다는 것을 바라도록 돕는다. 우리는 원망하기보다는 모든 상황에서 감사할 수 있다(살전 5:18).

5. 마무리 및 기도 (15분)

전환하기

"신자의 세 가지 대적에 대항해 함께 기도합시다.

첫째, 우리의 가족에게 세상의 유혹을 물리칠 힘을 주시기를 기도합시다.

둘째, 육신의 유혹(여러분과 자녀 안에 여전히 남아 있는 악한 욕망들)에 승리할 수 있도록 기도합시다.

셋째, 마귀의 계략이 좌절되도록 기도합시다."

10과 인내와 소망

큰 그림 그리기 매일, 매해, 평생에 걸쳐 자녀 양육에 대한 압박과 걱정은 우리를 지치게 하거나 심지어 절망으로 몰아갈 수 있다. 자녀 양육에 있어 우리의 가장 중요한 임무 가운데 하나는 단지 포기하지 않는 것이다. 자신의 자녀 양육이 완전히 실패한 것처럼 보일 때가 있을 것이다. 심지어 하나님을 신뢰하고 있을 때조차 하나님이 상황을 온전케 하시기를 기다리는 일이 견디기 힘들 때가 있다. 그럴 때 하나님은 좌절(심지어 하나님에 대한 좌절감까지) 가운데 있는 우리를 초대하셔서 그분께 나아와 하나님의 약속을 새롭게 듣게 하신다. 하나님이 나를 버리셨다는 느낌보다 더 영혼을 쓰라리게 찌르는 것은 없지만, 또한 그분이 나를 사랑하신다는 것을 다시 기억하는 것만큼 달콤한 소망을 회복시키는 것도 없다.

수업 개요

1. **성경 이야기** – 본문 읽고 이야기 나누기(15분)
2. **읽을거리** – '여호와여 어느 때까지니이까?' 함께 읽기(10분)
3. **토론** – 개념 확장하기(15분)
4. **활동** – 개념 적용하기(25분)
5. **마무리 및 기도** – 결론과 기도(10분)

1. 성경 이야기 (15분)

도입

"시편 13편은 전형적인 '애가'입니다. 애가는 삶이 매우 잘못되어 가는 것 같을 때 느끼는 감정을 표현합니다. 다윗의 이 시편은 세 부분으로 되어 있는데, '비통함'으로 시작하여 '기도'를 거쳐 '소망'으로 끝이 납니다."

읽기

"한 분이 시편 13편을 소리 내어 읽어 주세요."

질문

"첫 번째는 '비통함'입니다. 1-2절에서 다윗은 자신의 곤경을 어떻게 느꼈나요? 당시 다윗의 문제가 무엇이었는지 알 수 없지만, 자녀 양육의 괴로움 가운데 부모가 느낄 수 있는 동일한 종류의 감정을 생각해 봅시다."

다윗은 하나님이 그를 잊으셨고 그에게서 '얼굴을 숨기신' 것처럼 느꼈다. 즉, 하나님이 더 이상 그에게 은혜를 베푸시지 않는 것 같았다. 그의 슬픔은 쉽게 사라지지 않았고 항상 그와 함께했다. 또 원수들이 자신보다 더 큰 은혜를 받는 것 같았다. 다윗은 자신이 '패배자'가 된 것 같았다. 자녀와 관련해 힘든 시련을 겪은 부모라면 모두 익숙한 감정들이다.

"두 번째는 '기도'입니다. 삶 가운데 많은 문제가 있을 때, 우리의 유일한 안식처는 하나님께로 향하는 것입니다. 3절에서 다윗은 자신의 눈을 밝혀 주시기를 여호와께 구했는데, 이것은 무엇을 의미하나요?"

다윗의 염려가 반드시 육체적 죽음에 관한 것은 아닐 것이다. 믿음을 위한 요청일 수 있다. 많은 문제가 있을 때 우리에게 일어나는 한 가지는 무엇이 참되고 선한지 보기가 어려워진다는 사실이다. 곧 빛을 바라보는 것이 어려워진다. 그러한 상황에서 우리가 할 수 있는 가장 중요한 기도는 믿음을 구하는 것이다. 자신에게 당면한 현재의 문제 너머를 보고, 하나님의 선하심을 믿을 수 있도록 도와달라고 기도하는 것이다.

"세 번째는 '소망'입니다. 시편 마지막 부분에서 다윗이 자신의 괴로움을 하나님께 가져간 후에 그에게 어떤 변화가 일어났나요? 그의 내면에서 무엇이 달라졌나요?"

다윗은 예배할 준비가 된다. 절망에서 신뢰로, 압도적인 슬픔에서 내면의 기쁨을 품은 삶으로 옮겨 간다. 하나님께 잊힌 것 같은 느낌이 아닌, 하나님의 사랑과 하나님이 그에게 베푸신 은혜를 기억한다. 그는 구원을 확신하고 그 구원을 기뻐할 준비가 되어 있다. 이 모두는 다윗의 고난이 끝났다거나 혹은 "어느 때까지니이까?"라는 외침에 어떤 답을 받았다는 암시가 없음에도 불구하고 그렇다. 다윗은 단지 하나님이 반드시 사랑으로 응답하실 것을 알았기 때문에 그럴 수 있었다.

전환하기

"시편 13편은 좌절과 불확실성 가운데서도 깊고 위로가 되는 믿음을 가질 수 있다고 보여 줍니다. 다음 글에서 로즈 마리는 '여호와여 어느 때까지니이까?'라는 질문에 대한 자신의 경험을 이야기합니다."

2. 읽을거리 (10분)

읽기

"한 사람씩 문단마다 돌아가며 소리 내어 읽어 봅시다."

3. 토론 (15분)

질문

"여러분이 마음으로 '여호와여 어느 때까지이니까?'라고 부르짖었던 때를 생각해 봅시다. 빈칸을 어떻게 채웠나요?"

"여러분이 채운 빈칸에 하나님의 어떤 약속들이 답이 되나요? 예수님으로 인해 여러분이 갖는 소망은 무엇인가요?"

4. 활동 (25분)

> 『복음 중심 부모』를 마치면서 학습자들이 이제 가족에 관한 문제를 해결하는 방법을 알게 되었다고 생각하지 않는 것이 중요하다. 오히려 모든 일에 하나님을 더욱 신뢰하고 쉬지 않고 기도가 필요하다는 사실을 그 어느 때보다 확신하면서 모임을 마치기를 바란다. 만약 학습자들이 기도에 대한 격려를 받고 돌아간다면 이 모임은 큰 성공을 거둔 것이다!

5. 마무리 및 기도 (10분)

전환하기

"지금까지 10과에 걸쳐 『복음 중심 부모』 소그룹 스터디를 함께해 주신 여러분께 감사드립니다. 마지막으로, 앞서 진행한 활동에서 적은 기도 제목들을 바탕으로 기도하며 이 시간을 마무리하도록 하겠습니다."

The Gospel-Centered Parent

NOTE

NOTE

NOTE

NOTE

사명선언문

너희가 흠이 없고 순전하여……세상에서 그들 가운데 빛들로
나타내며 생명의 말씀을 밝혀 _ 빌 2:15-16

1. 생명을 담겠습니다
만드는 책에 주님 주신 생명을 담겠습니다.
그 책으로 복음을 선포하겠습니다.

2. 말씀을 밝히겠습니다
생명의 근본은 말씀입니다.
말씀을 밝혀 성도와 교회의 성장을 돕겠습니다.

3. 빛이 되겠습니다
시대와 영혼의 어두움을 밝혀 주님 앞으로 이끄는
빛이 되는 책을 만들겠습니다.

4. 순전히 행하겠습니다
책을 만들고 전하는 일과 경영하는 일에 부끄러움이 없는
정직함으로 행하겠습니다.

5. 끝까지 전파하겠습니다
모든 사람에게, 땅 끝까지, 주님 오시는 그날까지
복음을 전하는 사명을 다하겠습니다.

서점 안내

광화문점 서울시 종로구 새문안로 69 구세군회관 1층
02)737-2288 / 02)737-4623(F)

강남점 서울시 서초구 신반포로 177 반포쇼핑타운 3동 2층
02)595-1211 / 02)595-3549(F)

구로점 서울시 동작구 시흥대로 602, 3층 302호
02)858-8744 / 02)838-0653(F)

노원점 서울시 노원구 동일로 1366 삼봉빌딩 지하 1층
02)938-7979 / 02)3391-6169(F)

일산점 경기도 고양시 일산서구 중앙로 1391 레이크타운 지하 1층
031)916-8787 / 031)916-8788(F)

의정부점 경기도 의정부시 청사로47번길 12 성산타워 3층
031)845-0600 / 031)852-6930(F)

인터넷서점 www.lifebook.co.kr